Hans-Jürgen Pingel

Tugenden auf dem Weg zur höheren Erkenntnis

Hans-Jürgen Pingel

Tugenden auf dem Weg zur höheren Erkenntnis

Die sechs «Nebenübungen» des anthroposophischen Schulungsweges

Verlag am Goetheanum

Der Verlag am Goetheanum im Internet: www.VamG.ch

Einbandgestaltung von Philipp Tok

Satz: Höpcke, Hamburg
Druck: Druckhaus Nomos, Sinzheim

ISBN 978-3-7235-1398-9

INHALT

Vorwort

Die vorliegende Schrift erschien ursprünglich im Nachrichtenblatt der Wochenschrift «Das Goetheanum» 2001/2002 in einer Aufsatzfolge. Aufgrund der großen Nachfrage arbeitete der Verfasser diese zu einem Büchlein um, das als Privatdruck erhältlich war. Nun erscheint es im «Verlag am Goetheanum» nochmals überarbeitet für eine breitere Leserschaft. Als Nebenübungen, die begleitend zu den Hauptübungen, den Meditationen, zu treten haben, bezeichnet Rudolf Steiner eine Folge von sechs Übungen, die einer inneren Seelenkultur dienen und zur Beherrschung von Denken, Fühlen und Wollen führen. Hans-Jürgen Pingel stellt diesen Übungskanon zunächst in den Zusammenhang mit dem anthroposophischen Schulungsweg, um dann als Kernstück die einzelnen Übungsschritte ausführlich zu beschreiben und zu kommentieren. Dieses Hauptanliegen ist in einem Stil geschrieben, der den Leser unmittelbar zum selbständigen Üben motiviert. Praxisnah erfahren wir die Klippen, die auf diesem Weg auftreten, und wie man sie überwinden kann, um die angestrebten Ziele zu erreichen. Jede Zeile spricht den Leser unmittelbar an, weil sie offensichtlich auf den aktuellen Erfahrungen des Verfassers beruhen. So werden Rudolf Steiners Anweisungen durch das Okular individueller Übungspraxis lebendig und regen zum eigenen Tun an. Am Ende des Büchleins finden wir Rudolf Steiners originale Wortlaute zu den Nebenübungen in drei unterschiedlichen Darstellungen:

In der Grundschrift «Theosophie» erscheinen sie noch verhüllt ohne die später kanonische Reihenfolge. Die für die Öffentlichkeit bestimmte klassische Form findet sich in der «Geheimwissenschaft im Umriss», während sich die dritte Version («Seelenübungen – Allgemeine Anforderungen») an esoterische Schüler richtet und diesen zu Beginn ausgehändigt wurde.

Heinz Zimmermann

I. Zur Bedeutung der Nebenübungen

«Diese sechs Tugenden braucht schon in ihrer Gänze die Anthroposophische Gesellschaft selbst, und es muss angestrebt werden, dass die Anthroposophische Gesellschaft als solche diese Tugenden habe.»

(Rudolf Steiner, Stuttgart, 23. 1. 1923)[1]

Die obigen Ausführungen machte Rudolf Steiner zu einem Zeitpunkt, als die Anthroposophische Bewegung an einem Tiefpunkt angekommen war. Äußeres Zeichen war die Vernichtung des Goetheanum-Baues. Innerlich war zum Beispiel in Deutschland ein Konflikt mit der Jugend zutage getreten. Die Anthroposophische Gesellschaft hatte sich nach Rudolf Steiners Ansicht *«von der Jugend zurückgezogen»*. In diesem Zusammenhang kam er auf die Nebenübungen (Tugenden) zu sprechen und sagte, dass die Pflege der fünften Tugend zu der notwendigen Unbefangenheit gegenüber der Jugend geführt haben würde. Er fügte noch hinzu, dass die Gesellschaft grundsätzlich in sich die Möglichkeit haben müsse, den Erscheinungen des Lebens unbefangen gegenüberzutreten.

Um das Erscheinungsbild und die kulturelle Wirksamkeit der Anthroposophischen Gesellschaft wird auch heute lebhaft gerungen. Der Verfasser dieser Schrift möchte dazu einen – wenn auch indirekten – Beitrag liefern. Er fühlt sich selbst als Angesprochener.

Die Bedeutung der Nebenübungen für den Schulungsweg ist weitgehend bekannt. Das obige Zitat weist über den individuellen Aspekt hinaus. Rudolf Steiner betrachtete die Gesellschaft selbstverständlich als eine Gemeinschaft von Menschen, die nach Erkenntnis streben. Das Bemühen des Einzelnen, das auch die Aneignung der mit den Nebenübungen angestrebten Tugenden einschließt, macht zugleich den Fortschritt der Anthroposophischen Gesellschaft als solcher aus. Die Nebenübungen beugen einer möglichen Fehlentwicklung auf dem Schulungsweg vor. Die Gefahr der Abirrung sah Rudolf Steiner übrigens auch für nicht meditierende Mitglieder, wenn diese sich ohne moralische Entwicklung *zu viel* mit Anthroposophie beschäftigen.[2]

Den Geistesschüler vor schädlichen Einflüssen und Fehlentwicklungen zu schützen, ist die «wesentliche Aufgabe» der Nebenübungen[3]. Darüber hinaus haben sie eine Bedeutung bei der Entwicklung der zwölfblättrigen Lotusblume. Darauf wird im IV. Kapitel näher eingegangen.

Schutz vor moralischer Fehlentwicklung

Bei der vorchristlichen Einweihung, zum Beispiel in den ägyptischen Mysterien, trat bei dem Einzuweihenden in einem bestimmten Zeitpunkt ein dramatisches Ereignis ein. Aus seiner astralischen Natur sprühten dann die furchtbarsten Leidenschaften und Emotionen heraus. Dämonische, diabolische Wesen kamen aus ihm heraus. Sorgsam umstanden ihn der Hierophant und seine zwölf Gehilfen. Diese empfingen die Wesen und zähmten sie.[4]

Der heutige Einweihungsweg stellt auf die elementaren Veränderungen ab, die in der Zeitenwende durch das Christusereignis eingetreten sind. Alles ist in die Freiheit des Schülers gelegt. Die Initiation vollzieht sich im Wachbewusstsein unter völliger Aufrechterhaltung des Ich-Gefühls. Der Schüler ist ganz auf sich gestellt. Die Dramatik ist zwar nicht geringer, spielt sich aber in seinem Innern ab. Als Folge des Herannahens an die höheren Welten strebt das, was in der niederen Natur des Menschen liegt, nach außen. Was bisher an unguten Neigungen im Geistesschüler verborgen war oder was er erfolgreich unterdrücken konnte, tritt mit Macht hervor, wenn er seinen Weg ohne Vorsichtsmaßnahmen fortsetzt. Immer wieder würde sich die Diskrepanz zwischen der angestrebten Höherentwicklung und dem Geschehen im Sozialen zeigen. Eine der wesentlichen Gegenmaßnahmen sind die Nebenübungen. Wenn Rudolf Steiner seinen Schülern Meditationstexte (für den Morgen und / oder den Abend) übergab, hat er regelmäßig dazu geschrieben: «Am Tage die sechs Nebenübungen.»[5] Diese wirken ausgleichend auf Veränderungen, die durch die Geistesschulung innerhalb der leiblichen und seelischen Organisation des Schülers eintreten, und beugen schädlichen Einflüssen vor.

Welche Veränderungen treten durch die Geistesschulung ein?

Wenn der Geistesschüler Meditations-, Konzentrations- und Kontemplationsübungen vornimmt, bildet er höhere Erkenntnisorgane, auch Lotusblumen genannt, aus (siehe IV. Kapitel). Die Übungen werden vollbewusst am Tage vollzogen. Sie regen die Kräfte des Astralleibes an. Dieses setzt sich während des Schlafes fort, wenn Ich und Astralleib aus der leiblichen Organisation heraustreten. Normalerweise brauchen physischer Leib und Ätherleib zur Wiederherstellung ihrer am Tage verbrauchten Kräfte den Astralleib. Das geschieht dadurch, dass dieser während des Schlafes ungehindert in die übersinnliche Welt eintaucht und beim Erwachen der leiblichen Organisation ausgleichende, geistig aufbauende Kräfte zuführt. Diese Kräfte richtet der Astralleib aber beim Geistesschüler auf die Ausbildung der Lotusblumen. Damit entzieht er sie dem physischen und ätherischen Leib. In den «Stufen der höheren Erkenntnis» führt Rudolf Steiner aus, dass die Seele des Geistesschülers *«dem Leib etwas von ihrer sonst fürsorglichen Tätigkeit entziehen muss. Sie überlässt denselben in einer gewissen Beziehung sich selbst.»*[6]

Schädliche Einflüsse aus den Elementarreichen

In dem Augenblick, in dem der physische Leib und der Ätherleib diese «Fürsorge» entbehren müssen, können sich verderbliche Kräfte aus den *drei Elementarreichen*

Merkmal für den Übungserfolg kann das nach der vollbrachten Tat eintretende Gefühl *von innerem Tätigkeitsantrieb* sein, wie es in den «Allgemeinen Anforderungen» beschrieben ist. (Auf das *Hineingießen* der nach den einzelnen Nebenübungen auftretenden Empfindungen wird später im V. Kapitel noch gesondert eingegangen.)

Sinnlose Handlungen?

Es ist ziemlich weit verbreitet, dass Übende zu Handlungen greifen, die überhaupt keinen Bezug zur Außenwelt haben. Ich meine solche Dinge, wie das Berühren eines bestimmten eigenen Körperteils (zum Beispiel Knie, Nase) oder Kleidungsstücks, das Zeichnen eines Dreiecks in die Luft usw. Ist dies noch eine Tat im Sinne der Willensübung? Selbst Friedrich Rittelmeyer führt in seinem Buch «Meditation» (Verlag Urachhaus) als Beispiel das «Hinausstrecken des Armes aus dem Fenster um 7 Uhr» an. Er meint, solches Sinnlose könne den Vorteil haben, dass eben gar kein Druck von außen, auch nicht durch die Vernunft, auf die Handlung ausgeübt wird, sondern, dass sie ganz aus freiem Willen hervorgehe. Dieser Charakterisierung der Willensübung stimme ich grundsätzlich zu, aber zu einer so sinnlosen Handlung würde ich trotzdem nicht greifen.

Woher kommen aber solche Beispiele? Sind sie eventuell aus der Angabe Rudolf Steiners in den «Allgemeinen Anforderungen» hergeleitet: «Die kleinste Tat aber, die man aus ureigenster Initiative unternimmt, wirkt in der angegebenen Richtung mehr als alles, wozu man im

des Leibes bemächtigen. Nach außen kann dadurch eine moralische Fehlentwicklung zutage treten. Rudolf Steiner schildert das wie folgt:

«*Während die Seele in höheren Gebieten lebt, nisten sich im dichten physischen Leib und im Ätherleib schädliche Kräfte ein. Dies ist der Grund, warum gewisse schlechte Eigenschaften, die vor der höheren Entwicklung durch die ausgleichende Wirkung der Seele niedergehalten worden sind, bei Mangel an Vorsicht zum Ausdruck kommen können. Menschen, welche vorher gute, moralische Naturen waren, können unter solchen Umständen dann, wenn sie an höhere Welten herantreten, allerlei niedrige Neigungen, erhöhte Selbstsucht, Unwahrhaftigkeit, Rachsucht, Zorn usw. hervorkehren.*»[7]

Dennoch sind Furcht oder gar ein Zurückschrecken vor dem Schulungsweg unangebracht. Die sechs Nebenübungen festigen die leibliche Organisation so, dass sie den schädlichen elementarischen Einflüssen nicht zugänglich wird. Die Übungen machen dem Leib die Kräfte «*entbehrlich, die ihm sonst während des Schlafzustandes zugute kommen und die ihm wegen der Ausbildung* (der höheren Erkenntnisorgane – d. V.) *entzogen werden müssen*».[7] An anderer Stelle heißt es, dass die Nebenübungen Harmonie in die leibliche Organisation hineinbringen. Sie sind es, die den Ätherleib und physischen Leib «*in solche Schwingungen versetzen, dass sie sich beim Heraustreten des Astralleibes selbst korrigieren*».[8]

Auseinandergehen von Denken, Fühlen und Wollen

Die Trennung der drei Seelenkräfte beschreibt Rudolf Steiner in «Wie erlangt man Erkenntnisse der höheren Welten?» in dem Kapitel «Die Spaltung der Persönlichkeit während der Geistesschulung». Die Fäden, die Denken, Fühlen und Wollen vor der höheren Entwicklung gesetzmäßig miteinander verbinden, lösen sich. Ohne Vorsichtsmaßnahme kann folgende Verirrung der Seelenkräfte eintreten:

- Verirrung des Denkens:
  kaltes, liebloses Weisheitsstreben
- Verirrung des Fühlens:
  Gefühlsschwelgerei
- Verirrung des Wollens:
  Gewaltmenschentum

Das Auseinandergehen von Denken, Fühlen und Wollen ist eine naturgemäße Entwicklung auf dem Schulungsweg. Es steht im Zusammenhang mit der Hüterbegegnung.[8a] Eine Vorsichtsmaßnahme gegen die genannten Verirrungen besteht im Praktizieren der Nebenübungen. Durch sie machen Denken, Fühlen und Wollen eine harmonische Entwicklung durch, *bevor* sich ihre Verbindungsfäden lösen. Darauf kommt es an.

Veränderung der leiblichen Organisation

Im weiteren Verlauf der geistigen Entwicklung tritt auch eine Veränderung innerhalb der Organisation des physischen Leibes ein. Die einzelnen Organe werden innerlich immer lebendiger und beweglicher. Bei zunehmender Stärke der geistigen Schulung entstehen Kräfte, die den physischen Leib befähigen, sich «gleichsam zu zerteilen». Damit würden sich aber der ätherische und physische Leib innerlich zerstörerische Kräfte heranziehen. Auch diese Entwicklung steht im Zusammenhang mit der Hüterbegegnung. Rudolf Steiner führt hierzu unter Hinweis auf die Nebenübungen Folgendes aus:

«Diese Begegnung mit dem Hüter der Schwelle ist gar nicht möglich, ohne dass man vor der Gefahr steht, in gewisser Beziehung Zerstörungskräfte einzupflanzen seinem physischen und ätherischen Leibe; aber eine jede richtige okkulte Entwicklung schafft zugleich die Gegenmittel, und diese Gegenmittel sind gegeben in dem, was Sie in meiner «Geheimwissenschaft» als die sechs okkulten Nebenübungen bezeichnet finden: Gedankenkonzentration, das heißt starkes Anspannen seiner Gedanken, konzentriertes Zusammenfassen seiner Gedanken; Herausentwicklung einer gewissen Initiative des Willens; eines gewissen Gleichmaßes von Lust und Leid; einer gewissen Positivität im Verhalten zur Welt; einer gewissen Unbefangenheit. Wer diese Eigenschaften in seiner Seele parallel der okkulten Entwicklung heranzieht, bei dem entwickelt sich allerdings auf der einen Seite eine Art Bestreben des physischen und ätherischen Leibes, zu zerbrechen, das heißt, Todeskeime unter dem

Einflusse der okkulten Entwicklung aufzunehmen; aber in dem gleichen Maße, wie sich das entwickelt, wird es aufgehoben, sodass es eigentlich nie wirksam ist, wenn der Mensch die genannten Eigenschaften entwickelt oder durch seine moralische Entwicklung ohnedies schon genug hat an Eigenschaften, die diesen sechs Eigenschaften gleichkommen.»[9]

Furcht vor dem Schulungsweg?

So deutlich wie Rudolf Steiner auf mögliche Fehlentwicklungen und Gefahren aufmerksam macht, so uneingeschränkt hebt er hervor, dass jede Furcht vor dem Betreten des Schulungsweges unangebracht ist, wenn die elementaren Regeln eingehalten werden. Ein sicherer Führer ist das Buch «Wie erlangt man Erkenntnisse der höheren Welten?». Wer sich daran hält, begegnet den Gefahren wirkungsvoll. Wer unvorbereitet zu meditieren beginnt, unterschätzt die Veränderungen, die damit in seiner seelischen und leiblichen Organisation vor sich gehen. Die Nebenübungen nehmen innerhalb der Begleit- und Vorsichtsmaßnahmen eine besondere Rolle ein. Sie hat Rudolf Steiner – wie oben bereits erwähnt – dem Schüler stets mit auf den Weg gegeben. Sie sind eingebettet in die «vier Eigenschaften», auch «Tugenden» genannt.[10] Darüber hinaus gelten all die Dinge, die der Schüler zur Vorbereitung und während der Geistesschulung beherzigen sollte, wie Ehrfurcht und Verehrung gegenüber Wahrheit und Erkenntnis sowie Demut und Bescheidenheit in der Erwartung von konkreten geistigen Erfahrungen.

Wer dies beachtet, «*kann sicher sein, dass sich sein Aufstieg ins höhere Leben gefahrlos für alles das vollzieht, was man gewöhnlich Gesundheit und Leben nennt … Niemand sollte sich vor den in Aussicht stehenden Gefahren von der Geheimschulung abhalten lassen; für einen jeden aber sollte diese Aussicht eine strenge Aufforderung sein, sich durchaus jene Eigenschaften anzueignen, welche der wahre Geheimschüler haben soll.*»[11]

II. Allgemeine Hinweise

Allgemeines

Der Dichter Christian Morgenstern, ein Schüler Rudolf Steiners, hat das Ziel der Nebenübungen in die folgenden schönen Worte gefasst:

> Geschöpf nicht mehr, Gebieter der Gedanken;
> Des Willens Herr, nicht mehr in Willens Frone;
> Der flutenden Empfindung Maß und Meister;
> Zu tief, um an Verneinung zu erkranken;
> Zu frei, als dass Verstocktheit in ihm wohne:
>
> So bindet sich ein Mensch ans Reich der Geister,
> So findet er den Pfad zum Thron der Throne.
>
> (Aus «Wir fanden einen Pfad»)

Angesichts solch hehrer Ziele erscheint der Begriff «Nebenübungen» zu klein. Dennoch ist er richtig gewählt, denn diese sollen die Hauptübungen des Schulungsweges (Konzentration, Kontemplation, Meditation) *begleiten* und führen gemeinsam mit ihnen zum Ziel. Sie sind in keiner Weise *Nebensache*, im Gegenteil, sie versetzen die Seele in eine Grundverfassung, die nötig ist, damit der Schüler die rechten Früchte von seiner Geistesschulung haben kann. Sie können auch ohne die Hauptübungen gepflegt werden, denn auch allein wirken sie stärkend und harmonisierend auf den Seelenorganismus. Sie können für *jeden* Zeitgenossen ein Mittel sein, um dem Getrieben- und Bestimmtwerden durch die Außenwelt entgegenzuwirken.

Die Nebenübungen schützen den Geistesschüler vor einer Fehlentwicklung auf dem Schulungsweg (siehe I. Kapitel). Sie begleiten den Prozess der Geburt des zweiten (höheren) Ich, das die Verbindungsfäden zwischen Denken, Fühlen und Wollen – die sich zunächst lösen mussten – auf einer höheren Ebene wieder herstellt. Sie prägen der Seele Festigkeit, Sicherheit und Gleichgewicht so ein, *«dass sie sich diese Eigenschaften bewahrt, auch wenn das zweite Ich aus ihr geboren wird»*. Dem zweiten Ich geben sie *«Stärke und inneren Halt mit auf den Weg»*.[12]

Durch die Nebenübungen werden die folgenden seelischen Grundeigenschaften, von Rudolf Steiner kurz «Eigenschaften» oder «Tugenden» genannt, angestrebt.

Nebenübung	**anzustrebende Eigenschaft** (nach der «Geheimwissenschaft»)
1. Denken: Gedankenkontrolle	Herrschaft über die Gedankenführung
2. Wollen: Kontrolle der Handlungen	Herrschaft über die Willensimpulse
3. Fühlen: Gleichmut	Gelassenheit gegenüber Freud und Leid

4. Positivität: («weiteres Bildungsmittel für das Denken und Fühlen»)	Positivität im Beurteilen der Welt
5. Unbefangenheit: («das Denken in Verbindung mit dem Willen erfährt eine gewisse Reifung»)	Unbefangenheit in den Auffassungen des Lebens
6. Regelmäßige Abwechselung der fünf Übungen	Harmonie (Gleichgewicht der Seele durch harmonisches Zusammenstimmen der fünf Eigenschaften)

Zum Wert des Übens

Wer sich auf den Schulungsweg begibt, wird leicht versucht sein, zu schnell zu dem Kern der Schulung, der Meditation, überzugehen und die Nebenübungen zu vernachlässigen. Deren «Nüchternheit» verblasst vor dem erhabenen Inhalt der Meditationsworte oder Sinnbilder. Auch Ungeduld entzieht den Nebenübungen den notwendigen Boden, um sie zu ihrer eigentlichen Bedeutung heranwachsen zu lassen.

Mangelnde Durchhaltekraft und Einsicht führen leicht dazu, sich auf die beiden ersten Übungen zu beschränken. Während diese noch verhältnismäßig «griffig» sind, erfordern die anderen vier eine gesteigerte Aufmerksamkeit auf das Seelenleben während des ganzen Tages. Auch könnte man versucht sein anzunehmen, man sei mit den anderen Eigenschaften schon von Natur aus begabt. So könnte man zum Beispiel gegenüber der dritten Übung meinen, man stehe sowieso (von seiner charakterologischen Anlage her) gleichmütig den äußeren Geschehnissen gegenüber und habe deshalb ein gesondertes Üben nicht nötig. Gerade ein solcher Schüler hat sie aber *zweifach nötig*. In der «Geheimwissenschaft» lesen wir dazu:

«Es muss durchaus erkannt werden, dass zur Geistesschulung es weniger darauf ankommt, was man vorher zu haben scheint, als vielmehr darauf, dass man ganz gesetzmäßig übt, was man braucht.»

Fundstellen

Bereits in den ersten Darstellungen des Schulungsweges weist Rudolf Steiner auf die Bedeutung der zu erwerbenden sechs Eigenschaften hin. In der «Theosophie» (1904) sind sie nicht leicht zu finden, weil sie dort in einer anderen Reihenfolge aufgeführt sind, nämlich: «Rückhaltlose, unbefangene Hingabe an dasjenige, was das Menschenleben oder auch die außermenschliche Welt offenbaren» (5. Eigenschaft); «Richtige Schätzung» desjenigen, was den Menschen umgibt (4.); «Gelassenheit» gegenüber Lust und Schmerz (3.); «Sein Denken zu einem in sich streng geregelten machen» (1.); «Verzicht auf alle Willkür», «seinen Willen in strengem Gewahrsam haben können « (2.); «Zustand des seelischen Gleichgewichts» (6.). Es folgen dann die erste, zweite und vierte Tugend (die Nebenübungen bilden die dritte Tugend). [13] Konkrete Übungsanweisungen fehlen noch.

Das gilt auch für die Ausführungen in «Wie erlangt man Erkenntnisse der höheren Welten?» (GA 10).[14] In beiden Werken stehen die Schilderungen im Zusammenhang mit der Ausbildung der geistigen Wahrnehmungsorgane; ein höchster Vollkommenheitsgrad der Eigenschaften wird beschrieben (siehe IV. Kapitel dieser Schrift).

In den «Stufen der höheren Erkenntnis» wird der Schutzcharakter der Nebenübungen herausgestellt.[15]

Nachdem Rudolf Steiner die Nebenübungen 1905 und 1906 in einzelnen Vorträgen erwähnte (siehe zum Beispiel in GA 53, 54, 94, 95), schrieb er sie im Oktober 1906 ausführlich nieder als *«Allgemeine Anforderungen, die ein jeder an sich selbst stellen muss, der eine okkulte Entwicklung durchmachen will.»*[16]

Im Jahre 1910 erschienen sie in der «Geheimwissenschaft».[17] Später hat sich Rudolf Steiner, wenn er Schülern Meditationssprüche übergab und dann auf die Nebenübungen hinwies, zumeist auf dieses Werk bezogen.

III. Hinweise zu den einzelnen Übungen

1. Gedankenkontrolle

Das Ziel dieser Übung ist:

- die Aneignung eines *klaren* Denkens
- die Erziehung zum *sachgerechten* Denken
- die Anregung der *selbsttätigen Kraft* des Denkens.

Der funkelnde Sternenhimmel sei Bild für ein ***klares*** Denken. Unbeirrt ziehen die Planeten innerhalb der majestätischen Bilder des Tierkreises ihre Bahn. Wie chaotisch verläuft dagegen unser gewöhnliches Denken. Ständig werden wir von Gedanken, die sich uns von außen aufdrängen, getrieben. Oft fällt es schwer, überhaupt einen klaren Gedanken zu fassen. Rudolf Steiner spricht vom *Irrlichterieren* der Gedanken. Die Übung, sich für kurze Zeit zum souveränen Führer der Gedanken zu machen, bildet den Gegenpol. Das von Goethe in seinem «Märchen» geprägte Bild des Fährmanns, der seinen Kahn trotz erheblicher Unruhestiftung zweier Irrlichter ans jenseitige Ufer bringt, bietet sich an.

Der Unsachlichkeit des Denkens sind im normalen Leben natürliche Grenzen gesetzt. Wir würden sonst ständig mit der Außenwelt in Konflikt geraten. Wenden wir unsere Aufmerksamkeit aber ab von der Sinneswelt, so fehlt uns das von ihr bewirkte Zurechtrücken unserer unsachlichen Gedanken. Der Geistesschüler muss sich deshalb durch bewusstes Üben ein Denken aneignen, das auch ohne äußere Richtigstellung ***sachgerecht*** verläuft.

Kraftvoll ist ein Denken, das in einem lebendigen Strom verläuft, ohne durch äußere Einflüsse mitgerissen zu werden. Auf die Anregung der ***selbsttätigen Kraft*** des Denkens kommt es an.

Die Denkübungen an einfachen, überschaubaren Gegenständen führen zu diesem dreifachen Ziel. Eine Stecknadel, ein Bleistift oder eine Büroklammer sind von sich aus so uninteressant, dass schon ein fünfminütiges Üben an ihnen unser selbsttätiges Denken in hohem Maß herausfordert. Ein interessanter Gegenstand würde von sich aus unsere Gedanken befördern. Durch die Wahl eines *ganz bekannten* Gegenstandes wird auch die Klarheit des Denkvorgangs besser ermöglicht als durch ein kompliziertes Ding. Bei einem Kristall oder einer Pflanze würden wir sehr schnell in Bereiche kommen, die wir nicht mehr überschauen.

Rauschende Ballnächte und Anderes

Sachgerechtes Denken verlangt, dass ich streng bei dem erwählten Gegenstand bleibe. Die Gefahr des Abschweifens ist groß. Zum Beispiel kann ich mich bei der Stecknadelübung – nach der Vorstellung des Befestigens einer Seidenrose an einem Kleid – unversehens in einer rauschenden Ballnacht wiederfinden. So deutlich braucht das Abgleiten in die Unsachlichkeit gar nicht zu sein. Die Gefahren liegen eher im Kleinen, fast Unbemerkten, zum Beispiel in dem Einfall (während der Übung): «Es ist immer das Gleiche, was ich denke.» Selbstverständlich kann ich über einen Bleistift nicht jeden Tag etwas Neues denken. Das ist auch nicht nötig; aber der erwähnte Einfall hat mit dem Bleistift nichts zu tun.

Praktische Gesichtspunkte

Der gedankliche Ablauf soll nicht zur Routine werden. Nehme ich über einen längeren Zeitraum den gleichen Gegenstand, so besteht die Gefahr, dass die Gedanken schließlich wie von selbst kommen. Der Sinn der Übung wäre dann nicht mehr erfüllt, denn es läuft wieder alles gewohnheitsmäßig ab, ein Erinnerungsdenken stellt sich ein, das heißt, ich denke nicht, sondern ich erinnere das, was ich mir angewöhnt habe zu denken. Ich soll aber die Gedanken bei jeder einzelnen Übung stets neu hervorbringen und führen. Von diesem Ideal lasse ich mich leiten, auch wenn es nur mühsam zu erreichen ist.

Das längere Üben an demselben Gegenstand stellt deshalb größere Anforderungen an unsere Konzentrationskräfte, als wenn wir das Objekt täglich wechseln. Rudolf Steiner überlässt es dem Schüler, welchen Weg er wählt: *«Man kann täglich einen neuen Gegenstand bedenken oder mehrere Tage einen festhalten»* heißt es in der «Geheimwissenschaft». Der häufige Wechsel sollte aber nicht erfolgen, um der höheren Kraftanstrengung aus dem Wege zu gehen. Hilfreich ist es, wenn ich mir am Anfang ein ganz bestimmtes Exemplar des Gegenstandes, zum Beispiel eines Bleistifts, vorstelle. Dann lenke ich die Gedanken auf Farbe, Material, Form, Funktion,

Herstellung usw. Ich bleibe ganz unmittelbar an dem Gegenstand dran. Bei der Funktion kann ich kurz die Besonderheit gegenüber anderen Schreibwerkzeugen gedanklich bewegen; das gehört zur Sache hinzu. Im Zentrum bleibt aber immer der Bleistift; ich schweife nicht ab zum Kugelschreiber oder Filzstift. Eine weitere Möglichkeit ist, die Vorstellung immer aus einem anderen Blickwinkel heraus zu beginnen: einmal von der äußeren Gestalt, dann vom Material, dann von der Funktion her, und darin zu variieren. Das erfordert Initiative und verhindert den mechanischen Ablauf. Meine Gedanken umkreisen den Gegenstand wie eine Plastik, immer von einer anderen Seite. Der Gedanke bleibt lebendig. Ich kann eine innere Freude daran empfinden, mich einem Gegenstand immer neu souverän gegenüberzustellen. An dem gedanklichen Tun entzündet sich die Freude. Ziel ist, dass der Gedanke am Schluss der Übung *noch ebenso farbenvoll und lebhaft vor der Seele steht wie am Anfang*.

Störenfriede

Während des Übens ist der «Einfall» nicht zum Gegenstand gehörender Gedanken (Kometen am Sternenhimmel) der größte Störfaktor. Die Gedankenkontrolle bleibt dennoch durch und durch konstruktiv. Sie besteht nicht in der Abwehr störender Gedanken, sondern im Tun dessen, was ich mir vorgenommen habe. Nicht das Hereindrängen anderer Gedanken sollte mich beschäftigen, sondern das Dranbleiben an dem ausgewählten Gegenstand. Dann haben die Störenfriede keine Chance.

Der folgende Hinweis ist vielleicht überflüssig, soll aber doch gemacht werden. Die Formulierung in der «Geheimwissenschaft», man solle die Denkübung *an* einfachen Gegenständen vornehmen, sich *an* ein alltägliches Ding *wenden*, veranlasst manchmal Schüler, die Übung mit Blick auf einen vor ihnen liegenden Gegenstand vorzunehmen. Es handelt sich jedoch bei der Gedankenkontrolle nicht um eine äußere Gegenstandsbeschreibung, sondern darum, sich *einen Gedanken in den Mittelpunkt der Seele zu stellen.* Die Vorstellungen sollen sich gerade nicht von außen aufdrängen. Ich schaue mir den Gegenstand nicht an, sondern stelle ihn mir vor, mache ihn zum alleinigen Inhalt meiner Gedanken.*

Zur qualitativen Steigerung der Gedankenkontrolle: siehe Hinweise im IV. Kapitel.

2. Kontrolle der Handlungen

Im normalen Tagesablauf erhalten wir unsere Willensimpulse weitgehend von außen. Das tägliche Leben erlegt uns Pflichten auf, die zu erfüllen sind, weckt Bedürfnisse, nach deren Befriedigung wir streben. Durch die zweite Nebenübung wird der ständig von außen veranlassten

* Kursiv Gedrucktes ohne Quellenangabe: siehe Anm. 6, 12 und 16.

Tatenfolge eine Handlung aus eigener Entschlusskraft hinzugefügt. Das kommt, auch wenn es sich um eine unbedeutende Handlung handelt, einer inneren Revolution gleich. Wir unternehmen etwas, was wir normalerweise nicht ausgeführt hätten. Die Tat entspringt unserer eigenen Initiative. Wir erfüllen eine Pflicht, die wir uns selbst auferlegt haben.

Ein erster Schritt ins Oberhaus des Handelns

Mit einer solchen eigenen Handlung treten wir aus dem (notwendigen) *Erdgeschoss* unserer täglichen Verrichtungen in eine *höhere Region* ein. Es ist das Gebiet der Eigeninitiative bis hin zum Handeln aus moralischer Intuition, der höchsten Form menschlicher Willensimpulse. Ihm steht das *Untergeschoss* mit seinen ehernen Gewohnheiten, Lähmungen oder zwanghaften Handlungen gegenüber. Hier lauert die geistverneinende Macht, die sich in unserer Willensorganisation einnisten will.

Frisch, souverän und mit einem Fünkchen Humor wende ich mich der Übung zu. Sie erhebt zunächst keinen moralischen Anspruch. Ganz unbedeutend kann die vorzunehmende Handlung sein, sodass es keine Außenwirkung hat, wenn sie misslingt. Nur mir selbst bin ich Rechenschaft schuldig, nicht was den Inhalt, sondern was das Ausführen angeht. Sie *muss* nicht nützlich (für den Übenden oder andere) sein, auch nicht ethisch. Das heißt nicht, dass sie sinnlos sein soll. Darauf komme ich noch zu sprechen.

Rudolf Steiner hat in den «Allgemeinen Anforderungen» als Beispiel für eine unbedeutende Handlung das Begießen einer Blume angegeben; als Zeitpunkt: «zu einer bestimmten Stunde des Tages». In der «Geheimwissenschaft» wird ausgeführt, dass man sich Zeitpunkt und Inhalt so befehlen soll, dass die Ausführung ganz genau *möglich* ist. Rudolf Steiner beschreibt dies als Gegenpol zu dem ständigen Begehren von Dingen, von deren *Verwirklichung man sich keinen deutlichen Begriff macht.* Dieses *wesenlose* Begehren führe zu dem *Unbefriedigenden und Haltlosen im Willensleben.* Das wiederum könne das *ganze Gemütsleben in Unordnung bringen, wenn ein höheres Ich aus der Seele hervorgehen will.* Es kommt also zunächst darauf an, dass ich mir eine in jedem Punkt realisierbare Handlung vornehme.

Praktische Gesichtspunkte

Wichtig ist, dass die Handlung der eigenen Initiative entspringt. Als Rudolf Steiner die «Allgemeinen Anforderungen» schriftlich herausgegeben hatte, musste er nach Gesprächen mit seinen Schülern feststellen, dass einige einfach das Beispiel (Blumenbegießen) übernommen hatten. In der esoterischen Stunde vom 6. 6. 1907 sagte er dazu, dass diese die Übung falsch gemacht hätten, weil die Handlung *nicht aus der eigenen Seele herausgeholt* worden sei (GA 266/1, Seite 239).

Es ist gut, mir die Handlung am Morgen, zum Beispiel im Wege der Tagesvorschau vorzunehmen. Das gilt insbesondere dann, wenn ich jeden Tag eine neue Tat wähle. Eine Handlung, die ich für *einen möglichst langen Zeitraum* vollziehen will («Allgemeine Anforderungen»), lebt zunächst aus einer Anfangsinitiative. Aber auch diese kann ich jeden Morgen neu beleben. In der «Geheimwissenschaft» stellt Rudolf Steiner offensichtlich mehr auf eine täglich neue Initiativhandlung ab. («Heute, um diese bestimmte Zeit, wirst du dieses ausführen.») Habe ich einmal vergessen, die vorgenommene Handlung auszuführen, so ist das Anlass, am nächsten Tag noch bewusster an die Übung heranzugehen. Falsch wäre es, die Tat zum Beispiel am Abend vor dem Schlafengehen noch schnell «nachzuholen». Wer dies einmal probiert hat, weiß, dass es unbefriedigend und nicht im Sinne der Willensübung ist. Auch gehen selbstverständlich unvorhergesehene Pflichten, die mich an der Ausführung der vorgenommenen Handlung hindern, vor.

Der Zeitpunkt der Ausführung kann – um sich nicht dem Diktat der Uhr auszusetzen – auch situationsbezogen sein, zum Beispiel nach dem Mittagessen, oder vor Dienstschluss. So kann ich mir vielleicht vornehmen, die Ordnung auf meinem Schreibtisch in einem bestimmten Punkt zu verändern. Oder ich wende einen künstlerisch-plastischen Gegenstand auf der Fensterbank so, dass er für Besucher aus einer anderen Perspektive zu betrachten ist. Jörgen Smit empfahl einmal, sich für den nächsten Morgen vorzunehmen, die Schuhe nicht einmal, sondern zweimal zuzubinden (in seiner Schrift «Meditation und Christuserfahrung»).

Letztlich kommt es allein auf die Initiative des Übenden an. Es handelt sich um ein intimes Geschehen auf der Willensebene. Bei regelmäßigem und unverkrampftem Tun stellen sich auch Korrekturanregungen ein. Ein

äußeren Leben gedrängt wird»? Bei einer mir nützlichen oder einer ethischen Tat ist es möglich, dass mich noch etwas anderes zu ihrer Auswahl und Ausführung treibt als mein ureigener Entschluss. Aber muss die Handlung deshalb so skurril sein, wie oben geschildert? Und warum kann sie nicht auch nützlich für mich oder andere sein? In einer esoterischen Stunde (6. 6. 1907, Aufzeichnung B, GA 266/1) führte Rudolf Steiner zwar aus, dass es auf die Nützlichkeit nicht ankomme, er sagte aber nicht, sie *dürfe* nicht nützlich sein. Ausschlaggebend ist, dass ich zur Auswahl und Ausführung nicht von außen gedrängt werde. Wenn ich den Entschluss zur Tat aus eigener Initiative fälle und den Zeitpunkt der Ausführung selbst festlege, ist sie meine ureigene Handlung. Sie ist von außen veranlasst, wenn mich zum Beispiel eine festgestellte Unordnung zu einer Aufräumhandlung treibt; sie ist meine eigene, wenn ich etwas ordne, woran sich derzeit niemand stört oder was nicht meine Aufgabe ist (zum Beispiel in einem Gemeinschaftsraum).

In der gleichen esoterischen Stunde (Aufzeichnung A) hat Rudolf Steiner das von ihm gegebene Beispiel (Blume begießen) als eine zwecklose Handlung bezeichnet. Das Kaufen und regelmäßige Begießen einer Blume ist zwar zwecklos für mich selbst, stellt aber gewiss kein sinnloses Tun dar. In der gleichen Stunde hat Rudolf Steiner auch den ethischen Aspekt einer Handlung angesprochen und führte aus, dass es hierauf nicht ankomme. Wenn mich ein akut aufgetretenes Mitleid mit einem Armen am nächsten Tag dazu veranlasst, eine Geldschenkung vorzunehmen, so ist diese Tat von außen aufgedrängt. Ein von einem solchen Erlebnis *unabhängiger* Entschluss, zu dem ich mich vielleicht erst durchringen muss, entspringt aber meiner eigenen Initiative. In den Aufzeichnungen fällt in diesem Zusammenhang auch der Begriff der «Selbstüberwindung».

Die Aufzeichnungen der esoterischen Stunden sind mit Vorsicht heranzuziehen, weil sie nachträglich von Zuhörern gemacht wurden. Mir geht es, wie gesagt, um die Suche nach Motiven, die Anthroposophen zu sinnlosen Handlungen greifen lassen. Sind es vielleicht ungenaue (auch mündliche) Wiedergaben von Inhalten esoterischer Stunden, die sich über Jahre erhalten haben?

Nach meiner Auffassung müsste eine Tat nach ihrer Ausführung äußerlich anschaubar sein, das heißt, ich müsste hinblicken können auf das, was ich getan habe. Zumindest müsste sie ein außer mir befindliches Objekt mit einbeziehen. Die Vornahme einer sinnlosen Handlung wirft auch die Frage der inneren Wahrhaftigkeit auf.[17a]

Zum Schluss noch einige Angaben Rudolf Steiners zum Charakter der Willenshandlung. Es soll sich um Taten handeln, «zu denen wir durch nichts, was von außen kommt, veranlasst sind» (7. 12. 1905, GA 54); «etwas, was ursprünglich aus der eigenen Seele selbst herauskommt» (9. 7. 1906, GA 94); «etwas, wozu man durch das gewöhnliche Leben nicht gekommen wäre» (GA 12) und schließlich am 22. 2. 1907: «Es genügt, wenn es eine ganz kleine, unbedeutende Handlung ist.» (Hier folgt wieder das Beispiel des Blumenbegießens – GA 97.)

Zur qualitativen Steigerung der Willenskontrolle: siehe Hinweise im IV. Kapitel.

Überleitung zu den folgenden Übungen

Beim Praktizieren der nun folgenden Übungen fällt ein Unterschied zu den beiden ersten sofort auf: Wir müssen unsere Aufmerksamkeit auf unser Seelenleben auf den ganzen Tag ausdehnen. Während wir die Gedankenkontrolle und die Willenshandlung zu einer von uns selbst auserwählten Zeit vornehmen, werden uns die Tugenden des Gleichmuts, der Positivität und der Unbefangenheit bei nicht vorausschaubaren Tagesereignissen abverlangt. Deshalb ist es gut, dass wir zunächst mit dem Erüben einer dieser Eigenschaften beginnen. Wir bereiten dies vor, indem wir uns das Üben ganz bewusst als Aufgabe auferlegen. Wir können uns zum Beispiel am Morgen sagen: Heute will ich (wieder) versuchen, Gleichmut an den Tag zu legen.

Das Gelingen ist, auch im Gegensatz zu den beiden ersten Übungen, nicht unmittelbar zu kontrollieren. Geraten wir aber (wieder einmal) gefühlsmäßig aus dem Häuschen, zeigt sich der erste Fortschritt schon darin, dass uns sofort nach dem Ereignis oder auch mittendrin deutlich wird, dass uns das Vorgenommene nicht gelungen ist. Ein Rückblick am Abend auf Gelingen und Nichtgelingen trägt zur Verbesserung am nächsten Tag bei.

3. Gleichmut

Unser Gefühlsleben schwankt ständig zwischen Sympathie und Antipathie. Wir finden Gefallen oder Missfallen an den Dingen, empfinden Freude und Leid, Lust und Schmerz. Die dritte Nebenübung hält uns dazu an, das Pendel weder zur einen noch zur anderen Seite zu weit ausschlagen zu lassen. Dabei ist nicht die Herabminderung der Empfindungen, etwa Gefühlskälte, das Ziel. Es geht darum, den *Ausdruck,* den wir den Gefühlen verleihen, *zu beherrschen.* Der Stimmungswechsel zwischen «*Himmelhochjauchzend und zum Tode betrübt*» ist zu vermeiden. *Gelassenheit,* selbst bei stärksten seelischen Erschütterungen, ist zu üben. Ein Mensch, der mit Würde sowohl durch schmerzvolle als auch durch freudige Ereignisse hindurchschreitet, findet unsere Hochachtung.

Intensivierung des Gefühlslebens

In der bewusst gehaltenen Mitte liegt Stärke. Nur ein Fluss, der nicht ausufert, strömt kraftvoll; nur Pferde, die der Wagenlenker im Zaum hält, führen ihn zum Ziel. In den delphischen Mysterien galt das Losungswort «Alles mit Maß». Darauf kommt es an, auch im Gefühlsleben. Gerade wenn ich mein Seelenleben besser in der Gewalt habe, schließe ich mich mehr auf für das Geschehen in der Außenwelt. Nach einiger Zeit werde ich feststellen, dass ich nicht *stumpfer, sondern im Gegenteil empfänglicher werde für alles Erfreuliche und Schmerzvolle in der Umgebung.*

«Cool sein» als charakterliches Ideal

Wann erleben wir heute *Freude, die mit uns durchgeht, Schmerz, der uns zu Boden drückt, Erfahrungen, die uns zu maßlosem Zorn oder Ärger hinreißen, Situationen, die uns fassungslos machen*? Dieses waren die Hauptkriterien, als Rudolf Steiner die Gleichmutsübung vor hundert Jahren niederschrieb. In diesem Sinne sollte der Geistesschüler eine *fortwährende Aufmerksamkeit auf sein inneres Seelenleben* haben.

Inzwischen ist die Menschheit durch furchtbarste Katastrophen hindurchgegangen. Sind wir dadurch abgestumpft worden? Oder können wir nur besser mit seelischen Erschütterungen umgehen? Haben sich die Menschen durch die Ereignisse des 20. Jahrhunderts Kräfte errungen, die sie befähigen, auch bei schwersten Ereignissen noch die Fassung zu bewahren? Könnten wir mit der seelischen Konstitution der Menschheit am Anfang des vorigen Jahrhunderts heute auch nur ***eine*** Tagesschau im Fernsehen (mit ihrer Aneinanderreihung von Katastrophenmeldungen, mit ihren Bildern von Schwerstverletzten und Getöteten) durchstehen? Die Menschheit ist sicherlich aus den Schwellenerlebnissen des 20. Jahrhunderts auch seelisch gestärkt hervorgegangen, denn sie muss das, was tagtäglich an Erschütterndem auf der Erde passiert, mehr und mehr im Sinne einer Gesamtverantwortung wahrnehmen. Das haben zum Beispiel auch die Ereignisse von 11. September 2001 und deren Folgen deutlich gemacht.

Die heutige Jugend hat als charakterliches Ideal das «Cool sein». Es ist die Eigenschaft, seine Gefühle nicht nach außen zu zeigen. Dies kann aber in die Region der Gefühlskälte abgleiten, die auch nicht vor Gewalt haltmacht. Positiv gewendet ist es die Fähigkeit, trotz großer Hindernisse und Rückschläge, trotz drohender persönlicher Nachteile seine Aufgabe zu erfüllen, sein Ziel auch bei Erfolg und Anerkennung nicht aus den Augen zu verlieren. Zahlreiche Filmhelden verwirklichen dieses Vorbild. Die Jugend sucht es auch in Menschen ihrer Umgebung und im öffentlichen Leben. Sie kann es besonders bei denen finden, die die niederschmetternden Ereignisse des vorigen Jahrhunderts nicht beiseitegeschoben, sondern innerlich verarbeitet und damit solche Schwellenerlebnisse mit Bewusstsein durchdrungen haben.

Praktische Gesichtspunkte

Macht die heute zweifellos vorhandene größere seelische Spannkraft das Üben von Gleichmut überflüssig? Sind wir der *feste Mittelpunkt innerhalb der Lebenswellen, die rings um uns auf- und niedersteigen*? *Beherrscht unsere Seele den Ausdruck von Lust und Leid, Freude und Schmerz*? Zunächst ist der Hinweis Rudolf Steiners zu beachten, dass der geistigen Entwicklung nur die Eigenschaften dienen, *welche man sich selbst anerzogen hat.* Auch wenn wir nur selten in Tränen ausbrechen oder uns vor Lachen ausschütten, gibt es täglich Vorkommnisse, bei denen wir Gelassenheit üben können. Oft sind es gerade die unspektakulären, intimen Geschehnisse, die unsere Seele in Wallung bringen. Ein kleiner Erfolg lässt uns mit Überschwang reagieren, eine leichte Kränkung baldige Bestrafung (des Anderen) herbeiwünschen, eine Skurrilität reizt uns zum Lachen. Ich kann mir nun vornehmen, meine Reaktionen einmal bewusst im Zaum zu halten. Jede Gesprächsrunde, jede Geselligkeit bietet dazu Gelegenheit (ohne dass ich gleich den ganzen Abend wie ein Sauertopf dasitzen muss).Trete ich einer Äußerung, die mich innerlich berührt, gelassen entgegen, so kapsele ich mich nicht ein. Ich fülle den durch die Äußerung entstehenden Seelenraum nicht egoistisch aus, sondern lasse auch noch Platz für den, der sie getan hat.

Aber auch bei den täglich um die Welt gehenden Schreckensmeldungen kann ich Gelassenheit üben. Ereignisse, auf die die Menschen früher mit Erschütterung reagiert haben, veranlassen sie heute vielleicht zu Aussprüchen wie «O nein!» oder «Das ist ja furchtbar!» In eine solche Äußerung kann ich mein ganzes Gefühl hineinschütten und die Sache damit abtun. Auch hier kann ich mir vornehmen (zum Beispiel für die nächste Tagesschau), solche Äußerungen einmal bewusst zu unterdrücken. Mit der Zeit öffne ich dadurch meinen Blick noch mehr für die Hintergründe von Zeiterscheinungen sowie für Beweggründe von Handelnden, auch wenn eine verabscheuenswürdige Tat vorliegt.

Auch bei der Trauer über einen Verstorbenen macht eher das Innehalten als das selbstbezogene Ausleben der Gefühle den Weg zu einer Wesensbegegnung mit dem geliebten Menschen frei.

So kann die Mäßigung des Ausdrucks von Lust und Leid mehr und mehr zur Fähigkeit des Erkennens des Wesentlichen führen. Durch Gelassenheit «schließt man die Seele auf für innere wichtige Dinge», führte Rudolf Steiner einmal aus (am 2. 9. 1906, GA 95).

Lust und Schmerz werden zu «Seelenaugen»

In der «Theosophie» im Kapitel «Der Pfad der Erkenntnis» beschreibt Rudolf Steiner, wie Lust und Unlust durch das Üben von Gelassenheit zu seelischen Sinnesorganen werden können. Durch diese erfährt der Schüler das eigentliche Wesen der Dinge. Er verliert sich nicht mehr an Lust und Leid, sondern dringt zum Verständnis der Dinge vor, die ihm diese bereiten. Zum Gefühl der Lust wird ausgeführt: *«Die Lust soll für mich nur sein Verkündigung dessen, dass in dem Dinge eine Eigenschaft ist, die sich eignet, Lust zu bereiten. Diese Eigenschaft soll ich erkennen lernen. Bleibe ich bei der Lust stehen, lasse ich mich ganz von ihr einnehmen, so bin ich es selbst, der sich auslebt; ist mir die Lust nur die Gelegenheit, eine Eigenschaft des Dinges zu erleben, so mache ich durch dieses Erlebnis mein Inneres reicher.»* Zusammenfassend heißt es dann: *«Lust und Schmerz werden zu Seelenaugen sich entwickeln, wenn sie aufhören, bloß für sich etwas zu gelten, und anfangen, die fremde Seele zu offenbaren.»*

Das Üben ist auch in der uns umgebenden Natur möglich, zum Beispiel beim Hören des Gesangs eines Vogels. Meine Reaktion kann so sein, dass ich ganz verzückt bin und die eigene Lust voll auskoste. Ich kann das Lustgefühl aber auch bewusst mäßigen, nicht ganz in ihm aufgehen. Dies verleiht mir bei wiederholtem Tun die Fähigkeit, mich dem Wesen des Vogels und dem, was in ihm selbst vorgeht, zu öffnen. Das Gleiche kann man üben bei Dingen, die Abscheu oder Zorn in einem hervorrufen, zum Beispiel beim Beobachten einer schleichenden Katze, die darauf aus ist, einen Singvogel zu fangen.*

4. Positivität

> *«Das Fruchtbare an den Dingen ist nicht, was ihnen fehlt, sondern dasjenige, was sie haben.»* [18]

Der Russe Alexander Pozzo berichtete, dass Rudolf Steiner – nachdem man ihm die vielen negativen Eigenschaften eines bestimmten Menschen geschildert hatte – sagte: «Schon gut, und etwas Gutes haben Sie überhaupt nicht bemerkt?» [19] Diese Reaktion weist auf den Kern der vierten Nebenübung hin. Es gilt, in jedem Wesen, jedem Ding, jeder Erfahrung die guten, schönen Seiten aufzusuchen. Trotz der Fülle des Schlechten und Hässlichen, die täglich auf uns einströmt und alles zu überwuchern droht, ist der Blick auf die auch vorhandenen positiven Dinge zu richten. Nur zu leicht verstellt uns die hässliche Außenseite die Sicht auf das darunter befindliche Schöne.

---

* Kursiv Gedrucktes ohne Quellenangabe: siehe Anm. 6, 12 und 16.

Enthalten von Kritik

Die Neigung zur Kritik ist jedem geläufig. Sie verdrängt eigene Unzulänglichkeiten. Wie leicht arten Gespräche dahin gehend aus, dass über einen Abwesenden schlecht geredet wird. Destruktivität waltet. Sind sich alle einig, erfordert das Gegensteuern Zivilcourage. Beginnt man, eine positive Eigenschaft des Betreffenden hervorzuheben, wird man die Erfahrung machen, dass nach einer Schrecksekunde auch andere eine Kehrtwendung machen.

Jörgen Smit sah in der Kritik ein Verhalten, das zunächst die Kluft zwischen Subjekt und Objekt vertieft. Zugleich sei sie aber auch ein klärendes Element. Wird der Inhalt der berechtigten Kritik «aufbewahrt», so erscheint eine verdeckte positive Eigenschaft in einem umso stärkeren Licht. Er verglich die Bedeutung der Kritik mit der des Schattens. Dieser lässt einen vom Sonnenlicht beschienenen Gegenstand noch deutlicher hervortreten. Wird nur der Schatten gesehen, so verschwindet der eigentliche Gegenstand.[20]

Rudolf Steiner weist darauf hin, dass jede Kritik, die im Sinne eines richtenden Urteils geübt wird, die Kräfte der Seele zur höheren Erkenntnis vertreibt.[21]

Auf die Entwicklungsmöglichkeit setzen

Es gibt Menschen, die in ihrer Freizeit Strafgefangene im Gefängnis besuchen, um sie aus ihrer Isolation zu befreien. Sie bringen die Kraft dazu auf, weil sie den vorhandenen guten Seiten des Inhaftierten vertrauen. Selbst bei Schwerverbrechern ahnen sie auf dem Grunde der Seele noch moralische Impulse. Sie setzen auf die Entwicklungsmöglichkeit jedes Menschen. Statt zu verurteilen, haben sie den Wunsch zu helfen. Eine solche Haltung setzt nicht das Verschließen der Augen vor der begangenen Straftat voraus. Das Vergehen als solches wird nicht beschönigt. Es wird aber eher unter dem Gesichtspunkt betrachtet, wie es zu ihm hat kommen können.

Das Positive in allen Wesen, Dingen und Erfahrungen

Wie anfangs bereits erwähnt, hält die Übung dazu an, in allen Wesen, Dingen und Erfahrungen das Positive aufzusuchen. Als Beispiel, das «zur Anschauung bringt, was mit dieser Eigenschaft (Positivität) gemeint ist»[22], weist Rudolf Steiner stets auf eine persische Legende hin. Goethe hat diese «sittliche Betrachtung» des persischen Dichters Nisami in seinem «Westöstlichen Divan» (Noten und Abhandlungen, Allgemeines) aufgeführt. Sie lautet:

> Herr Jesus, der die Welt durchwandert,
> Ging einst an einem Markt vorbei;
> Ein toter Hund lag auf dem Wege,
> Geschleppet vor des Hauses Tor,
> Ein Haufe stand ums Aas umher,
> Wie Geier sich um Äser sammeln.
> Der eine sprach: «Mir wird das Hirn
> Von dem Gestank ganz ausgelöscht.»

Der andre sprach: «Was braucht es viel,
Der Gräber Auswurf bringt nur Unglück.»
So sang ein jeder seine Weise,
Des toten Hundes Leib zu schmähen.
Als nun an Jesus kam die Reih',
Sprach, ohne Schmähn, er guten Sinns,
Er sprach aus gütiger Natur:
«Die Zähne sind wie Perlen weiß.»

Die Anforderung besteht darin, sich durch das Negative nicht so bannen zu lassen, dass man das Positive übersieht. Also, das Hässliche und Schlechte sehen, aushalten und dann nach dem Guten und Schönen Ausschau halten. Lasse ich mich nur von der aufsteigenden Antipathie (oder Sympathie) leiten, so folge ich den eigensüchtigen Empfindungen. Ich schaue weg, wenn mir ein Ding nach dem ersten Eindruck unsympathisch ist, und verbaue mir damit die Möglichkeit, auch Sympathisches zu bemerken. Beispiel: Ich sehe eine große schwarze Spinne in der Mitte ihres Netzes. Ich kann mich nun angewidert abwenden; ich kann aber auch voller Bewunderung das Kunstwerk des Netzes betrachten. Lasse ich mich allein von der Abscheu leiten, so stumpfe ich ab für eine objektive Sicht. Rudolf Steiner führt in der «Theosophie» aus, dass wir uns, wenn wir nur der eigenen Neigung folgen, durch die Dinge der Umgebung *hindurchdrängen*, statt sich ihnen *auszusetzen und sie in ihrem Werte zu fühlen.*[23]

Das ganze Übel der Welt

Eine gute Übung kann es sein, in der Tageszeitung unter dem Wust von negativen Meldungen nach einer guten Nachricht zu suchen. Man wird so gewahr, dass unser Zeitalter nicht nur Schlechtes gebiert. In dem Roman «Geh, wohin dein Herz dich trägt» von Susanna Tamaro[24] wird einmal über das morgendliche Lesen von Tageszeitungen gesagt, man gieße damit *«das ganze Übel, das die Welt am Tage zuvor hervorgebracht hat»*, in sich hinein. Soll man die Zeitung also abbestellen?

Man wird für das Auffinden von guten Nachrichten vielleicht eine Lupe brauchen, aber man schult damit zugleich seinen Blick für das Positive und wirkt damit dem entgegen, was der englische Schriftsteller Gilbert Keith Chesterton einmal als «die große Lücke der modernen Ethik» beschrieb: *«dass einerseits das Auge, das die Falschheit von Dingen wahrnehmen kann, seine unheimliche und verzehrende Scharfsicht immer mehr steigert, während das Auge, das sieht, welche Dinge gut sind, jeden Augenblick trüber wird, bis es fast blind vor Zweifeln ist».*

Der Wert von negativen Erfahrungen

Schließlich sei noch der Wert, den wir negativen Erfahrungen abgewinnen können, angesprochen. Misslingt uns etwas, so kann uns das Ereignis zum Ansporn werden, es in Zukunft besser zu tun. Dass alles Leid auch eine positive Seite hat, dass es sogar als zu uns gehörig betrachtet werden kann, ist eine Weisheit, die wir in vielen alten Kulturen finden. Für Anthroposophen ist sie eine Lebensanschauung, die sich besonders dann, wenn man sich engagiert für die Bewegung einsetzt, zu bewähren hat.

Aus den geschilderten Seelengesten lässt sich erahnen, dass die Positivitätsübung ein «weiteres Bildungsmittel für das Denken und Fühlen» ist.[12]

5. Unbefangenheit

Um einem neuen Erlebnis gegenüber aufgeschlossen zu sein, muss ich meine eigenen Vorstellungen im Zaum halten. Nur zu leicht schiebt sich aus dem reichen Schatz meiner Erfahrungen ein Urteil vor das, was neu an mich herantreten möchte. Es lässt mich dann – still oder laut – sagen: «Das kann nicht sein, das ist unmöglich, das gibt es nicht.» Ein solches Tönen gilt es abzuwehren und schließlich – durch Übung – gar nicht erst aufkommen zu lassen. Hieran wird deutlich, dass wir durch die fünfte Nebenübung unser Denken in einer ganz bestimmten Weise willentlich lenken. «Das Denken in Verbindung mit dem Willen erfährt eine gewisse Reifung» heißt es in der «Geheimwissenschaft».

Die «wollüstige Stimmung eines Tierwesens»

Mache ich mich innerlich frei für neue Erfahrungen, so geraten mein physischer und Lebensleib in eine lauernde Wartestellung. Die urteilende Verstandesseele ist gebändigt. Rudolf Steiner formulierte einmal, dass wir durch die Tugend der Unbefangenheit unseren Ätherleib und physischen Leib in einen Zustand versetzen, der sich mit der «wollüstigen Stimmung eines Tierwesens, das ein anderes ausbrüten will», vergleichen lässt.[25]

In der «Theosophie» lesen wir, dass die unbefangene Hingabe an das, was die Welt offenbart, die Kraft zum geistigen Schauen fördert. Hingabe und Unbefangenheit seien in diesem Sinne «wirkliche Krafterzeuger». Rudolf Steiner vergleicht dies mit den physikalischen Vorgängen in einer Dampfmaschine: «Wie die Wärme, die man in den Dampfkessel bringt, sich in die fortbewegende Kraft der Lokomotive verwandelt, so verwandeln sich die Übungen der selbstlosen Hingabe zur Kraft des Schauens in die geistigen Welten.»[25a]

Jörgen Smit prägte zur Unbefangenheitsübung den schönen Satz: «Hier wird die Kraft des werdenden Menschen, der ständig über sich hinauswächst, geprüft und gestärkt.»[26]

Praktische Hinweise

Vorurteilslosigkeit lässt sich in jedem Gespräch üben. Das sofortige Entgegenhalten: «Da bin ich anderer Meinung», ist wenig förderlich für mich. Es könnte doch sein, dass ich etwas Neues erfahre, auch wenn das Gesagte noch so sehr von meiner eigenen Auffassung abweicht.

Durch mein vorschnelles Urteil verbaue ich mir die Möglichkeit, meinen Gesichtskreis zu erweitern. Rudolf Steiner führt gern als Beispiel an, dass jemand einem sagt, ein bestimmter Kirchturm stehe seit vergangener Nacht völlig schief da. Selbst in einem solchen Fall solle sich der Geistesschüler ein Hintertürchen dafür offen lassen, dass seine bisherigen Kenntnisse der Naturgesetze noch eine Erweiterung erfahren könnten.

Diese Haltung muss nicht zum unreflektierten Hinnehmen alles Gesagten führen. Denn das hieße, das Tor, das Einlass für Neues gewährt, zu weit zu öffnen. Die eigenen Erfahrungen, die ich im Laufe meines Lebens gemacht habe, soll ich selbstverständlich nicht außer Acht lassen. Es gilt, die Waage zu halten zwischen dem Beurteilen des Gesagten aus der eigenen Erfahrung heraus und dem völlig passiven Übernehmen. Das schränkt aber die grundsätzliche Offenheit nicht ein. – Im Gespräch kann das ehrliche Nachfragen weiterführen.

Ebenso wichtig wie das Gespräch ist der stille Dialog zwischen mir und jeder neuen Erfahrung, auch wenn sie zunächst noch so unbedeutend erscheint. Rudolf Steiner führt in der «Geheimwissenschaft» aus, dass wir uns bei jeder Gelegenheit von jedem Ding und Wesen Neues sagen lassen können. Ja, wir sollen «während einer gewissen Zeit geradezu überall darauf ausgehen». Von jedem Luftzug, jedem Baumblatt, jedem Lallen eines Kindes könne man lernen, wenn man bereit sei, «einen Gesichtspunkt in Anwendung zu bringen, den man bisher nicht in Anwendung gebracht hat».[26a]

Ein leiser Windhauch, der unvermittelt durch einen Busch weht, kann uns zu der ahnenden Empfindung führen, dass alles Naturgeschehen wesenhaft ist. Wir stellen unsere Ansicht von den rein physikalischen Ursachen der Winde zur Disposition.

Wie erstaunlich sind die Dinge, die uns beim Betrachten eines Blattes aufgehen können! Wir entdecken polare Grundkräfte der Pflanzenentwicklung, zum Beispiel im Wachsen und Stauen bei der Blattform, im Strahlen und Umhüllen bei den Blattadern. Immer beugt sich die eine Tendenz der anderen, und zugleich entsteht das Wesentliche. Wir erweitern unsere Ansicht vom rein Zweckmäßigen der Blattkonstruktion.

Wie reich werden Mütter beschenkt, die mit liebevoller Aufmerksamkeit ihr Kind aufwachsen sehen! Da hat es ein älterer Mensch schwerer, auch wenn er – oder gerade weil er – lebenserfahrener ist. In der «Theosophie» schildert Rudolf Steiner die innere Geste, mit der selbst ein höchster Weiser einem unverständigen Kind gegenübertreten sollte. An ihn stelle die Vorurteilslosigkeit besonders hohe Anforderungen. Sollte er mit einem noch so reifen Urteil an das Kind herantreten, so «schiebt sich seine Weisheit wie ein trübes Glas vor dasjenige, was das Kind ihm offenbaren soll».[26b]

«Sich selbst mit allen Vorurteilen auslöschen»

Im Grunde ist es Eigenliebe meiner eigenen Meinung gegenüber, wenn ich Anderes, Fremdes nicht gelten lassen will. Ich verkenne, dass ich nur durch selbstlose, unbefangene Aufmerksamkeit wirklich Neues hinzulernen kann. Das gilt insbesondere für den Geistesschüler, der nach Erkenntnis geistiger Wahrheiten strebt. In der «Theosophie» lesen wir zur Unbefangenheitsübung:

«Zu dieser Hingabe an die Offenbarungen der fremden Welt gehört völlige innere Selbstlosigkeit. Und wenn sich der Mensch prüft, in welchem Grade er diese Hingabe hat, so wird er erstaunliche Entdeckungen an sich selbst machen. Will einer den Pfad der höheren Erkenntnis betreten, so muss er sich darin üben, sich selbst mit allen seinen Vorurteilen in jedem Augenblicke auslöschen zu können. Solange er sich auslöscht, fließt das andere in ihn hinein. Nur hohe Grade von solch selbstloser Hingabe befähigen zur Aufnahme der höheren geistigen Tatsachen, die den Menschen überall umgeben.»[26c]

6. Harmonisches Zusammenstimmen

Mit der sechsten Nebenübung wird keine weitere spezielle Seeleneigenschaft angestrebt, sondern die fünf vorhergehenden sollen jetzt «systematisch in einer regelmäßigen Abwechslung immer wieder und wieder vorgenommen werden».[27] Das Ziel ist, die fünf Eigenschaften «zum harmonischen Zusammenstimmen zu bringen».[28]

Dass es sich bei der sechsten Übung um ein gezieltes Vorgehen handelt, hat Rudolf Steiner erst Ende 1906 hervorgehoben. In den «Stufen der höheren Erkenntnis» führte er noch aus, dass sich die sechste Seeleneigenschaft «ganz von selbst einstellt», nachdem die fünf erworben sind. Er hat hier möglicherweise noch eine alte theosophische Auffassung übernommen. In Annie Besants «Uralte Weisheit – Die Lehren der Theosophie» ist zur sechsten Eigenschaft zu lesen: «Das letzte mentale Erfordernis, inneres Gleichgewicht, wächst ohne bewusste Anstrengung während des Strebens nach den fünf vorhergehenden bis zu einem gewissen Grad von selbst heran.»[28a] Der christlich-rosenkreuzerische Einweihungsweg stellt jedoch auf ein bewusstes Durchschreiten jeder seiner Stufen ab.

Praktische Gesichtspunkte

Das systematische Praktizieren der fünf Übungen schließt sich an das Grunderüben der einzelnen Eigenschaften an. Üben, Erreichen und Harmonisieren des Erreichten gehen schließlich fließend ineinander über. Zunächst nimmt sich der Schüler die einzelnen Übungen nach und nach vor. Er beginnt mit der ersten und hält im weiteren die Reihenfolge 2 bis 5 ein. Zum Einhalten der Reihenfolge führte Rudolf Steiner aus:

«Es kommt vor allem darauf an, dass man die Übungen in dieser Reihenfolge macht. Wer die zweite Übung vor der ersten macht, der hat gar keinen Nutzen davon. Denn gerade auf die Reihenfolge kommt es an. Manche meinen sogar, mit der sechsten Übung, mit der Harmonisierung, anfangen zu müssen. Aber harmonisiert sich etwas, wenn nichts da ist? Wer die Übungen nicht in der rechten Reihenfolge machen will, dem nützen sie gar nichts. Wie wenn einer über einen Steg sechs Schritte machen muss und den sechsten Schritt zuerst

machen will, so unsinnig ist es, mit der sechsten Übung beginnen zu wollen.»[29]

Auf die einzelne Übung verwendet der Schüler «etwa einen Monat». So steht es in den «Allgemeinen Anforderungen» aus dem Jahre 1906. In der «Geheimwissenschaft» (1910) lässt Rudolf Steiner die Dauer offen. Er spricht von einer «gewissen Zeit», bei den beiden ersten Übungen gar von «durch Monate hindurch». Eile und Ungeduld verbieten sich von selbst; warum sich also keinen längeren Zeitraum als einen Monat vornehmen? Ein Maßstab könnte das regelmäßige Gelingen der ersten Übung sein. Bin ich zum Beispiel nach zwei Monaten mit dem Ergebnis zufrieden, wende ich mich der zweiten Übung zu. Jedenfalls sollte ein gewisser Erfolg schon eingetreten sein, bevor ich weitergehe. Rudolf Steiner spricht von «Früchten des ersten Monats», die nicht verloren gehen sollten, während man die zweite Übung macht («Allgemeine Anforderungen»).

Für die vier nächsten Übungen ist das Beibehalten der auf die erste verwendeten Zeit zu empfehlen, auch wenn der Grad der «Zufriedenheit» bei den einzelnen Übungen unterschiedlich ausfällt. Ich schließe so von vornherein ein Übergewicht einzelner Übungen aus. Das Vorgeben eines zeitlichen Rahmens hält mich auch zum konsequenten Üben an, während ein beliebiges «Zeit haben» dazu beitragen kann, dass ich insbesondere die dritte bis fünfte Übung immer wieder aus den Augen verliere. Außerdem hört das Üben nach dem ersten Durchgang ja nicht auf, sondern jetzt beginnt das abwechselnde und gleichzeitige Erüben mehrerer Eigenschaften.

«Rhythmus ersetzt Kraft»

Durch das regelmäßige, abwechselnde Praktizieren der fünf Übungen bringt der Schüler Harmonie und Rhythmus in sein Leben hinein. Das ist eine Kraftquelle für den physischen und ätherischen Leib. Auf sie ist besonders der meditierende Geistesschüler angewiesen. Denn durch die Heranbildung der geistigen Wahrnehmungsorgane werden der Leibesorganisation Kräfte entzogen, wofür ein Ausgleich zu schaffen ist, soll es nicht zu einer Schädigung kommen.[30] Diesen Ausgleich erreicht der Schüler durch das rhythmische Üben. «Rhythmus ersetzt Kraft», führt Rudolf Steiner in diesem Zusammenhang aus.[31]

Wie gehe ich vor? In der «Geheimwissenschaft» heißt es, der Schüler werde die fünf Eigenschaften «gewissermaßen je zwei und zwei, drei und eine und so weiter gleichzeitig üben müssen, um Harmonie zu bewirken». Über diese Angabe ist viel nachgedacht worden. Ein Schema gibt Rudolf Steiner nicht vor. Also entscheidet der Schüler selbst über Auswahl und Wechsel der Übungen. Wichtig ist, dass keine Übung dominiert und keine vernachlässigt wird. Beim paarweisen Üben sollte man vielleicht beachten, in welchem Verhältnis die vierte und fünfte Übung, die ja eine Verbindung von Denken/Fühlen bzw. von Denken/Wollen sind, zu den drei ersten stehen. Wählt man «drei und eine» Übung aus, so kann man zum Beispiel die ersten drei nehmen und kombiniert sie entweder mit der vierten oder mit der fünften Übung. Eine andere Färbung wird durch das Hinzunehmen einer der beiden ersten Übungen zu den drei letzten erreicht.

Das Kombinieren kann mehr sein als ein Aneinanderketten und «Abhaken» der Übungen. Letzteres ist bei der dritten bis fünften Übung ohnehin nicht möglich, da auf sie während des ganzen Tages zu achten ist. Gut ist es, sich jeweils nach der Auswahl einer Kombination bewusst zu machen, in welcher Weise die Seelenkräfte Denken, Fühlen und Wollen angesprochen werden. Mit jeder neuen Variante setze ich einen neuen Schwerpunkt. Dieser Vorblick fasst die ausgewählten Übungen zu einer überschaubaren Einheit zusammen, an die ich leichter herangehe als an eine bloße Ansammlung von Aufgaben.

Wichtig ist auch, dass ich die schriftlichen Angaben Rudolf Steiners, insbesondere zur dritten bis fünften Übung, wiederholt durchlese, vielleicht bei jedem Wechsel der Übungen. Das aufmerksame Lesen, zum Beispiel der Angaben in der «Geheimwissenschaft», auf die Rudolf Steiner seine Schüler ab 1910 zumeist hinwies, lässt mich eventuell eingetretene Ungenauigkeiten ausgleichen und die Aufgabe neu ergreifen.

Die Liebe zum Üben

Wenn Kinder an das Spielen eines Musikinstruments herangeführt werden, steht pädagogisch das Üben im Vordergrund. Die regelmäßige Unterrichtsstunde, das ständige Bemühen um Fortschritt haben einen hohen erzieherischen Wert. Einmal im Jahr wird die/der Musiklehrer/in die Kinder und ihre Eltern zu einem ersten Konzert zusammenführen. Die Früchte des Mühens zeigen sich, und die Freude am Erreichten impulsiert das Weiterüben. Wenn die Kinder eines Tages das Instrument beiseitelegen, weil nun andere Interessen im Vordergrund stehen, ist es gut, wenn sich die Erzieher dann sagen: Das Wichtigste war das Üben; es hat die Entwicklung des Kindes gefördert.

Mit dieser Einstellung kann auch der Geistesschüler an seine Übungen herangehen. Er ist allerdings auf sich allein gestellt. Die Aufgabe der Erzieher fällt ihm selbst zu. Ebenso wenig wie diese treiben ihn Ehrgeiz und Ungeduld, sondern die Liebe zum Üben. Auch die Fortschritte sind vielleicht nur in jährlichen Stufen zu beobachten. Gerade weil sie mühsam errungen sind, kann der Schüler sie dann – still für sich – dankbar begrüßen.

Woran kann ich Fortschritte erkennen? Das Gelingen der Denk- und Willensübung ist unmittelbar kontrollierbar, auch ein qualitatives Voranschreiten. Die Durchführung der anderen Übungen entzieht sich leicht meiner Beobachtung, weil sie nicht meiner Willkür unterliegt. Das Üben bedarf ja eines äußeren Anlasses. Ein erstes Gelingen kann ich feststellen, wenn sich zum Beispiel (bei einem bewegenden Ereignis) der Gedanke an das mir selbst auferlegte Gleichmutsgebot wie von allein einstellt. Er reißt mich sofort aus dem seelischen Dahinfließen heraus. Ein erster Schritt ist getan. Er wird auch in Situationen zu beobachten sein, in denen ich mir Positivität oder Unbefangenheit abverlange.

Die Früchte des Übens

Die Früchte des Übens sind verheißungsvoll. Rudolf Steiner fasst sie (als Ergebnis der sechsten Nebenübung) wie folgt zusammen:

«Es bildet sich dadurch allmählich ein schönes Gleichgewicht der Seele heraus. Man wird namentlich bemerken, dass etwa vorhandene Unzufriedenheit mit Erscheinungen und Wesen der Welt vollständig verschwindet. Eine allen Erlebnissen versöhnliche Stimmung bemächtigt sich der Seele, die keineswegs Gleichgültigkeit ist, sondern im Gegenteil erst befähigt, tatsächlich bessernd und fortschrittlich in der Welt zu arbeiten. Ein ruhiges Verständnis von Dingen eröffnet sich, die früher der Seele völlig verschlossen waren.»[32]

IV. Zur Mitwirkung der sechs Nebenübungen bei der Entwicklung der zwölfblättrigen Lotusblume

Vorbemerkung

Die wesentliche Aufgabe der Nebenübungen besteht in der Stärkung und Harmonisierung der Seelenkräfte Denken, Fühlen und Wollen. Damit sprechen sie jeden Zeitgenossen an. Dem Geistesschüler, der sich auf den Weg der höheren Erkenntnis begibt, geben sie zugleich das Rüstzeug, um gegen Fehlentwicklungen gewappnet zu sein. Sie «paralysieren» schädliche Einflüsse, die während der Geistesschulung auf ihn zukommen können, und sichern damit den Erfolg der Meditations- und Konzentrationsarbeit.[33]

Im Folgenden soll eine noch weitergehende Aufgabe der Nebenübungen angesprochen werden. Sie hängt mit einem der Ziele des Schulungsweges zusammen, nämlich mit der Ausbildung höherer (geistiger) Wahrnehmungsorgane (Lotusblumen). Wir finden Angaben darüber im sechsten Kapitel des Buches «Wie erlangt man Erkenntnisse der höheren Welten?» («Über einige Wirkungen der Einweihung»). Die Nebenübungen wirken mit bei der Heranbildung eines dieser Organe.

Die durch die Nebenübungen angestrebten sechs Eigenschaften «fördern» die Ausbildung des Wahrnehmungsorgans in der Herzgegend (zwölfblättrige Lotusblume oder Herzchakram). Sie verhelfen ihm zu seiner regelmäßigen *Form.* Das Heranreifen der Lotusblumen selbst geschieht durch den in den ersten fünf Kapiteln des Buches «Wie erlangt man Erkenntnisse der höheren Welten?» beschriebenen Einweihungsweg. Die zwölfblättrige Lotusblume würde sich aber ohne die Aneignung der sechs Eigenschaften zu einem «Zerrbild» entwickeln. Sie darf nicht zur Reife gebracht werden, bevor sie «in ruhiger Weise die ihr zukommende Form erlangt hat».

Die Ausbildung des Herzchakrams bezieht sich auf sechs seiner Blätter. Die anderen sind durch einen *«vergangenen Entwicklungszustand der Menschen bereits vorhanden und in Tätigkeit. Sie erscheinen von selbst und beginnen sich zu drehen, wenn an den anderen sechs gearbeitet wird.»*

Höchste Ausprägung der sechs Eigenschaften

Im Zusammenhang mit der Ausbildung des Herzchakrams werden die (auch durch die Nebenübungen angestrebten) Eigenschaften in ihrer *höchsten Ausprägung* beschrieben. Um diese zu erreichen, wird dem Schüler viel abverlangt. Dies gilt insbesondere bei den Gedanken- und Willensübungen. Es geht um mehr als das innerhalb der Nebenübungen beschriebene gezielte tägliche Tun (zum Beispiel die «Stecknadelübung», die Vornahme einer bestimmten Handlung). Eine durchgehende Aufmerksamkeit auf sein Denken und Handeln wird vom Schüler gefordert.

Dass sich der Geistesschüler die sechs Eigenschaften

(Tugenden) aneignen soll, wird in allen alten Schulungsanleitungen beschrieben. Rudolf Steiner hat diese durch ganz konkrete Übungsanweisungen erweitert und den Begriff «Nebenübungen» geprägt. Bedeutsam ist, dass die beiden ersten Übungen so eindeutig beschrieben sind, dass der Schüler nicht umhinkommt, täglich ganz gezielt bestimmte Gedanken- und Willensübungen auszuführen und sich auch selbst zu kontrollieren. Rudolf Steiner hat dies offensichtlich mit Blick auf die geänderten Lebensverhältnisse, in denen sich die Menschen vom Beginn des zwanzigsten Jahrhunderts an befinden, getan. Der Tagesablauf in einer industrialisierten, technisierten Welt wirkt derart zerstreuend auf die Denk- und Willenskräfte, dass ein bloßer Appell, sich bestimmte Eigenschaften anzueignen (und auch die feste Absicht, dies zu tun), nicht genügen würde. Von der dritten Übung an werden die Übungen dann nicht mehr so konkret beschrieben. Hat der Schüler Ruhe in sein Denk- und Willensleben hineingebracht, ist der Weg für die Einwirkung auf die mittlere Region des Fühlens geebnet. Darum ist auch die Einhaltung der Reihenfolge beim Herangehen an die Übungen so wichtig.

Die Nebenübungen sind ein unverzichtbarer Schritt auf dem Weg zur Erlangung der Eigenschaften, die im Zusammenhang mit der Ausbildung des Herzchakrams stehen. Was sich als «höchste Ausprägung» der ersten und zweiten Eigenschaft ergibt, wird aus den folgenden Zitaten deutlich (entnommen aus «Wie erlangt man Erkenntnisse der höheren Welten?» – GA 10 und der «Theosophie» – GA 9). Auf die qualitative Erweiterung der dritten bis fünften Eigenschaft bin ich bereits bei den

Ausführungen zu den entsprechenden Nebenübungen eingegangen (siehe III. Kapitel).

Gedankenkontrolle

«Irrlichterierende Gedanken, die nicht in sinngemäßer, logischer Weise, sondern rein zufällig aneinandergefügt sind, verderben die Form dieser Lotusblume. Je mehr ein Gedanke aus dem anderen folgt, je mehr allem Unlogischen aus dem Wege gegangen wird, desto mehr erhält dieses Sinnesorgan die ihm entsprechende Form. Hört der Geheimschüler unlogische Gedanken, so lässt er sich sogleich das Richtige durch den Kopf gehen.» (GA 10)

«Der Erkennende muss also sein Denken zu einem streng in sich geregelten machen. Die Gedanken müssen sich bei ihm allmählich ganz entwöhnen, den alltäglichen Gang zu nehmen. Sie müssen in ihrem ganzen Verlaufe den inneren Charakter der geistigen Welt annehmen. Er muss sich nach dieser Richtung beobachten können und in der Hand haben. Nicht willkürlich darf sich bei ihm ein Gedanke an den andern anreihen, sondern allein so, wie es dem strengen Inhalt der Gedankenwelt entspricht. Der Übergang von einer Vorstellung zur anderen muss den strengen Denkgesetzen entsprechen. Der Mensch muss als Denker gewissermaßen stets ein Abbild dieser Denkgesetze darstellen.» (GA 9)

Kontrolle der Handlungen

«Alle Unbeständigkeit, Disharmonie im Handeln gereichen der in Rede stehenden Lotusblume zum Verderben. Wenn der Geheimschüler etwas getan hat, so richtet er sein folgendes Handeln danach ein, dass es in logischer Art aus dem ersten folgt. Wer heute im anderen Sinn handelt als gestern, wird nie den charakterisierten Sinn entwickeln.» (GA 10)

«Im alltäglichen Leben lassen sich die Menschen von dem zu ihrem Handeln bestimmen, was sie persönlich befriedigt, was ihnen Früchte trägt. Dadurch zwingen sie die Richtung ihrer Persönlichkeit dem Gang der Welterscheinungen auf. Sie verwirklichen nicht das Wahre, das in den Gesetzen der geistigen Welt vorgezeichnet ist, sie verwirklichen die Forderung ihrer Willkür. Erst dann wirkt man im Sinne der geistigen Welt, wenn man allein deren Gesetze befolgt. Aus dem, was bloß aus der Persönlichkeit heraus getan wird, ergeben sich keine Kräfte, die eine Grundlage bilden können für die Geisterkenntnis.» (GA 9)

Ätherisches Herzorgan

Der zwölfblättrigen Lotusblume kommt noch eine besondere Bedeutung dann zu, wenn der Schüler zur Stufe der Inspiration und Intuition gelangt ist. Durch die Übungen zu dieser höheren Entwicklungsstufe treten im Ätherleib «besondere Bewegungen, Gestaltungen und Strömungen auf, welche vorher nicht vorhanden waren».[34] Sie führen schließlich zur Bildung eines neuen Mittelpunkts im Ätherleib, nahe dem physischen Herzen (ätherisches Herzorgan). Von diesem Mittelpunkt aus laufen die Strömungen unmittelbar in die zwölfblättrige Lotusblume ein und (durch sie hindurch) zu den anderen geistigen Wahrnehmungsorganen.

So kommt es schließlich zu Strömungen und Bewegungen im Ätherleib, die in «Harmonie mit den Gesetzen und der Entwicklung der Welt stehen».[35] Eine höhere Sinnesorganisation ist herangereift, die – was ihre weisheitsvolle Gestaltung angeht – aus den gleichen Quellen gespeist ist wie ein physischer Leib mit gut funktionierenden äußeren Sinnen. Auf diesen blickt der Schüler dankbar hin, an der Entwicklung der höheren Sinnesorganisation hat er selbst mitgewirkt.

Aus Vorstehendem ergibt sich, dass auf die Ausbildung der zwölfblättrigen Lotusblume eine besondere Sorgfalt gelegt werden muss. «*Würde hier etwas verfehlt, müsste die ganze Ausbildung des Apparates* (gemeint ist der strömende Ätherleib mit den sich drehenden Chakrams – d. V.) *eine unordentliche sein.*»

Ätherisches Kopforgan

Als Vorstufe zum Ätherorgan in der Herzgegend bildet sich ein «vorläufiger Mittelpunkt» im Kopf. Dieser Vorgang ist in der jetzigen Entwicklungsstufe der Menschheit eine «unbedingte Notwendigkeit».[36] Andernfalls könnte eine Geistesschulung zwar zu Einblicken in die höheren Welten führen, der Schüler aber keinen Zusammenhang zwischen diesen und der sinnlichen Welt gewinnen. Er würde zum «Schwärmer und Phantasten» werden. Dieser vorläufige Mittelpunkt verlegt sich bei fortgeschrittener Entwicklung in die Kehlkopfregion und von dort dann in die Nähe des Herzens. Für die Bildung des ätherischen Kopforgans ist die Erkraftung des Denkens von besonderer Wichtigkeit. Der Schüler erreicht sie durch Meditations- und Konzentrationsübungen, die geeignet sind, «*das verständige und vernünftige Denken des Kopfes zu vertiefen, zu verinnerlichen. Dieses Denken wird dadurch frei und unabhängig gemacht von allen sinnlichen Eindrücken und Erfahrungen. Es wird gewissermaßen in einen Punkt zusammengefasst, welchen der Mensch ganz in seiner Gewalt hat.*»[37]

V. Das «Hineingiessen» von Gefühlen in den Leib

Die Tätigkeit des «Hineingießens» beschreibt Rudolf Steiner im Zusammenhang mit den Nebenübungen in den «Allgemeinen Anforderungen» (GA 267). Bestimmte Gefühle, die «bald», «eines Tages», «nach und nach» als Folge der Übungen auftreten, soll der Schüler in verschiedene Regionen des Leibes hineingießen (einströmen lassen). Bei der vierten Übung erstreckt sich dieses Hineingießen auch auf den «Raum vor und um den Menschen herum». Bei der fünften Übung gilt es, ein in diesem Raum bemerktes «subtiles Vibrieren» (das sich als «Gefühl in die Seele schleicht») durch die Sinnesorgane in sich einströmen zu lassen.

Der Begriff des Einströmens weist darauf hin, dass es sich bei diesem Vorgang um ein Einwirken auf den Ätherleib und physischen Leib handelt. Die im Astralleib nach den Übungen auftretenden Gefühle (Festigkeit und Sicherheit, innerer Tätigkeitsantrieb, innere Ruhe, Seligkeit) werden gleichsam weitergeleitet, «hineingegossen» in die Leiblichkeit. Dies betrifft alle Regionen des Leibes: Kopf (Sinne und Nerven einschließlich Hirn und Rückenmark), Herz und Gliedmaßen (bis in die Hände und Füße). Wer es praktiziert, wird eine wohltuende, erfrischende Wirkung, bis in die Leiblichkeit hinein, feststellen.

Über die okkulten Hintergründe führt Rudolf Steiner nichts aus. Möglicherweise verstärkt das Hineingießen die schützende Wirkung der Nebenübungen auf den physischen Leib des meditierenden Schülers (siehe 1. Kapitel). Im Zusammenhang mit der ersten Nebenübung (Gedankenkontrolle) führt Rudolf Steiner einmal aus: «Eine solche Übung wirkt wohltätig auf die Seele und dadurch auch auf den Leib. Sie bringt den Letzteren in eine solche Verfassung, dass er sich schädlichen Einflüssen entzieht, wenn die Seele nicht unmittelbar auf ihn wirkt.»[38]

Ob und inwieweit das Hineingießen der Gefühle auf die Lotusblumen wirkt oder ob es mit den durch den Schulungsweg bewusst herbeigeführten Strömungen des Ätherleibes (siehe oben) zusammenhängt, möchte ich offenlassen, da mir hierzu die erforderliche Einsicht fehlt. Vielleicht genügt zur Aufhellung die Schilderung Rudolf Steiners, dass den Ätherleib *jedes* Menschen «zahllose Strömungen nach allen Seiten durchziehen», und dass «durch diese Strömungen das Leben unterhalten und geregelt wird»[39]. Zu einer weitergehenden Aufklärung könnte möglicherweise ein intensives Studium des «Hüllenzyklus» (GA 145) führen, worin Rudolf Steiner angibt, dass für das innere Empfinden und Erleben des fortgeschrittenen Geistesschülers der Ätherleib sich in einen oberen, mittleren und unteren Teil gliedert und ein vierter Teil ihn «wie eine Art Aura» umgibt.[40]

Anhang

Wortlaut der Nebenübungen in der
«Geheimwissenschaft im Umriss» (GA 13)
(Aus dem Kapitel «Die Erkenntnis der höheren Welten»)

Von einer sachgemäßen Schulung werden gewisse Eigenschaften genannt, welche sich durch Übung derjenige erwerben soll, welcher den Weg in die höheren Welten finden will. Es sind dies vor allem: Herrschaft der Seele über ihre Gedankenführung, über ihren Willen und ihre Gefühle. Die Art, wie diese Herrschaft durch Übung herbeigeführt werden soll, hat ein zweifaches Ziel. Einerseits soll der Seele dadurch Festigkeit, Sicherheit und Gleichgewicht so weit eingeprägt werden, dass sie sich diese Eigenschaften bewahrt, auch wenn ein zweites Ich aus ihr geboren wird. Andrerseits soll diesem zweiten Ich Stärke und innerer Halt mit auf den Weg gegeben werden.

Was dem Denken des Menschen für die Geistesschulung vor allem notwendig ist, das ist Sachlichkeit. In der physisch-sinnlichen Welt ist das Leben der große Lehrmeister für das menschliche Ich zur Sachlichkeit. Wollte die Seele in beliebiger Weise die Gedanken hin und her schweifen lassen: sie müsste alsbald sich von dem Leben korrigieren lassen, wenn sie mit ihm nicht in Konflikt kommen wollte. Die Seele muss entsprechend dem Verlauf der Tatsachen des Lebens denken. Wenn nun der Mensch die Aufmerksamkeit von der physisch-sinnlichen Welt ablenkt, so fehlt ihm die Zwangskorrektur der Letzteren. Ist dann sein Denken nicht imstande, sein eigener

Korrektor zu sein, so muss es ins Irrlichtelieren kommen. Deshalb muss das Denken des Geistesschülers sich so üben, dass es sich selber Richtung und Ziel geben kann. Innere Festigkeit und die Fähigkeit, streng bei einem Gegenstande zu bleiben, das ist, was das Denken in sich selbst heranziehen muss. Deshalb sollen entsprechende «Denkübungen» nicht an fernliegenden und komplizierten Gegenständen vorgenommen werden, sondern an einfachen und naheliegenden. Wer sich überwindet, durch Monate hindurch täglich wenigstens fünf Minuten seine Gedanken an einen alltäglichen Gegenstand (z. B. eine Stecknadel, einen Bleistift usw.) zu wenden und während dieser Zeit alle Gedanken auszuschließen, welche nicht mit diesem Gegenstande zusammenhängen, der hat nach dieser Richtung hin viel getan. (Man kann täglich einen neuen Gegenstand bedenken oder mehrere Tage einen festhalten.) Auch derjenige, welcher sich als «Denker» durch wissenschaftliche Schulung fühlt, sollte es nicht verschmähen, sich in solcher Art für die Geistesschulung «reif» zu machen. Denn wenn man eine Zeitlang die Gedanken heftet an etwas, was einem ganz bekannt ist, so kann man sicher sein, dass man sachgemäß denkt. Wer sich fragt: Welche Bestandteile setzen einen Bleistift zusammen? Wie werden die Materialien zu dem Bleistift vorgearbeitet? Wie werden sie nachher zusammengefügt? Wann wurden die Bleistifte erfunden? usw. usw.: ein solcher passt seine Vorstellungen sicher mehr der Wirklichkeit an als derjenige, der darüber nachdenkt, wie die Abstammung des Menschen ist oder was das Leben ist. Man lernt durch *einfache Denkübungen* für ein sachgemäßes Vorstellen gegenüber der Welt der Saturn-,

Sonnen- und Mondenentwickelung mehr als durch kompliziert und gelehrte Ideen. Denn zunächst handelt es sich gar nicht darum, über dieses oder jenes zu denken, sondern *sachgemäß durch innere Kraft* zu denken. Hat man sich die Sachgemäßheit anerzogen an einem leicht überschaubaren sinnlich-physischen Vorgang, dann gewöhnt sich das Denken daran, auch sachgemäß sein zu wollen, wenn es sich nicht durch die physisch-sinnliche Welt und ihre Gesetze beherrscht fühlt. Und man gewöhnt es sich ab, unsachgemäß die Gedanken schwärmen zu lassen.

Wie Herrscher in der Gedankenwelt, so soll ein solcher die Seele auch im Gebiete des Willens werden. In der physisch-sinnlichen Welt ist es auch hier das Leben, das als Beherrscher auftritt. Es macht diese oder jene Bedürfnisse für den Menschen geltend; und der Wille fühlt sich angeregt, diese Bedürfnisse zu befriedigen. Für die höhere Schulung muss sich der Mensch daran gewöhnen, seinen eigenen Befehlen streng zu gehorchen. Wer sich an solches gewöhnt, dem wird es immer weniger und weniger beifallen, Wesenloses zu begehren. Das Unbefriedigende, Haltlose im Willensleben rührt aber von dem Begehren solcher Dinge her, von deren Verwirklichung man sich keinen deutlichen Begriff macht. Solche Unbefriedigung kann das ganze Gemütsleben in Unordnung bringen, wenn ein höheres Ich aus der Seele hervorgehen will. Eine gute Übung ist es, durch Monate hindurch sich zu einer bestimmten Tageszeit den Befehl zu geben: Heute «um diese bestimmte Zeit» wirst du «dieses» ausführen. Man gelangt dann allmählich dazu, sich die Zeit der Ausführung und die Art des auszuführenden

Dinges so zu befehlen, dass die Ausführung ganz genau möglich ist. So erhebt man sich über das verderbliche: «ich möchte dies; ich will jenes», wobei man gar nicht an die Ausführbarkeit denkt. Eine große Persönlichkeit lässt eine Seherin sagen: «Den lieb' ich, der Unmögliches begehrt.» (Goethe, Faust II.) Und diese Persönlichkeit (Goethe) selbst sagt: «In der Idee leben heißt, das Unmögliche behandeln, als wenn es möglich wäre.» (Goethe, Sprüche in Prosa.) Solche Aussprüche dürfen aber nicht als Einwände gegen das hier Dargestellte gebraucht werden. Denn die Forderung, die Goethe und seine Seherin (Manto) stellen, kann nur derjenige erfüllen, welcher sich an dem Begehren dessen, was möglich ist, erst herangebildet hat, um dann durch sein starkes Wollen eben das «Unmögliche» so behandeln zu können, dass es sich durch sein Wollen in ein Mögliches verwandelt.

In Bezug auf die Gefühlswelt soll es die Seele für die Geistesschulung zu einer gewissen Gelassenheit bringen. Dazu ist nötig, dass diese Seele Beherrscherin werde über den Ausdruck von Lust und Leid, Freude und Schmerz. Gerade gegenüber der Erwerbung dieser Eigenschaft kann sich manches Vorurteil ergeben. Man könnte meinen, man werde stumpf und teilnahmslos gegenüber seiner Mitwelt, wenn man über das «Erfreuliche sich nicht erfreuen, über das Schmerzhafte nicht Schmerz empfinden soll». Doch darum handelt es sich nicht. Ein Erfreuliches *soll* die Seele erfreuen, ein Trauriges *soll* sie schmerzen. Sie soll nur dazu gelangen, den *Ausdruck* von Freude und Schmerz, von Lust und Unlust zu beherrschen. Strebt man *dieses* an, so wird man alsbald bemerken, dass man nicht stumpfer, sondern im Gegenteil empfänglicher wird für alles Erfreuliche und Schmerzhafte der Umgebung, als man früher war. Es erfordert allerdings ein genaues Achtgeben auf sich selbst durch längere Zeit, wenn man sich die Eigenschaft aneignen will, um die es sich hier handelt. Man muss darauf sehen, dass man Lust und Leid voll miterleben kann, ohne sich dabei so zu verlieren, dass man dem, was man empfindet, einen unwillkürlichen Ausdruck gibt. Nicht den berechtigten Schmerz soll man unterdrücken, sondern das unwillkürliche Weinen; nicht den Abscheu vor einer schlechten Handlung, sondern das blinde Wüten des Zorns; nicht das Achten auf eine Gefahr, sondern das fruchtlose «Sich-Fürchten» usw. – Nur durch eine solche Übung gelangt der Geistesschüler dazu, jene Ruhe in seinem Gemüt zu haben, welche notwendig ist, damit nicht beim Geborenwerden und namentlich bei der Betätigung des höheren Ich die Seele wie eine Art Doppelgänger neben diesem höheren Ich ein zweites, ungesundes Leben führt. Gerade diesen Dingen gegenüber sollte man sich keiner Selbsttäuschung hingeben. Es kann manchem scheinen, dass er einen gewissen Gleichmut im gewöhnlichen Leben schon habe und dass er deshalb diese Übung nicht nötig habe. Gerade ein solcher hat sie zweifach nötig. Man kann nämlich ganz gut gelassen sein, wenn man den Dingen des gewöhnlichen Lebens gegenübersteht; und dann beim Aufsteigen in eine höhere Welt kann sich umso mehr die Gleichgewichtslosigkeit, die nur zurückgedrängt war, geltend machen. Es muss durchaus erkannt werden, dass zur Geistesschulung es weniger darauf ankommt, was man vorher zu haben *scheint*, als vielmehr darauf, dass man ganz gesetzmäßig *übt*, was man braucht. So widerspruchsvoll dieser Satz

Ich will mich, so wie ich bin, in die Welt einschalten, aber nicht die Welt unbefangen hinnehmen und sie im Sinne der in ihr wirkenden Kräfte sich ausleben lassen. Mit anderen Worten: ich bin nur duldsam mit dem, was meiner Eigenart entspricht. Gegen alles andere übe ich eine zurückstoßende Kraft. Solange der Mensch in der Sinneswelt befangen ist, wirkt er besonders zurückstoßend gegen alle nicht sinnlichen Einflüsse. Der Lernende muss die Eigenschaft in sich entwickeln, sich den Dingen und Menschen gegenüber in deren Eigenart zu verhalten, ein jegliches in seinem Werte, in seiner Bedeutung gelten zu lassen. Sympathie und Antipathie, Lust und Unlust müssen ganz neue Rollen erhalten. Es kann nicht davon die Rede sein, dass der Mensch diese ausrotten soll, sich stumpf gegenüber Sympathie und Antipathie machen soll. Im Gegenteil, je mehr er in sich die Fähigkeit ausbildet, nicht alsogleich auf jede Sympathie und Antipathie ein Urteil, eine Handlung folgen zu lassen, eine umso feinere Empfindungsfähigkeit wird er in sich ausbilden. Er wird erfahren, dass Sympathien und Antipathien eine höhere Art annehmen, wenn er diejenige Art in sich zügelt, die schon in ihm ist. Verborgene Eigenschaften hat selbst das zunächst unsympathischeste Ding; es offenbart sie, wenn der Mensch in seinem Verhalten nicht seinen eigensüchtigen Empfindungen folgt. Wer sich in dieser Richtung ausgebildet hat, der empfindet feiner nach allen Seiten hin als andere, weil er sich nicht von sich selbst zur Unempfänglichkeit verführen lässt. Jede Neigung, der man blindlings folgt, stumpft dafür ab, die Dinge der Umgebung im rechten Licht zu sehen. Wir drängen uns gleichsam, der Neigung folgend, durch die Umge-

auch aussieht: er ist richtig. Hat einem auch das Leben dies oder jenes anerzogen: zur Geistesschulung dienen die Eigenschaften, *welche man sich selbst anerzogen* hat. Hat einem das Leben Erregtheit beigebracht, so sollte man sich die Erregtheit aberziehen; hat einem aber das Leben Gleichmut beigebracht, so sollte man sich durch Selbsterziehung so aufrütteln, dass der Ausdruck der Seele dem empfangenen Eindruck entspricht. Wer über nichts lachen kann, beherrscht sein Leben ebenso wenig wie derjenige, welcher, ohne sich zu beherrschen, fortwährend zum Lachen gereizt wird.

Für das Denken und Fühlen ist ein weiteres Bildungsmittel die Erwerbung der Eigenschaft, welche man Positivität nennen kann. Es gibt eine schöne Legende, die besagt von dem Christus Jesus, dass er mit einigen andern Personen an einem toten Hund vorübergeht. Die andern wenden sich ab von dem hässlichen Anblick. Der Christus Jesus spricht bewundernd von den schönen Zähnen des Tieres. Man kann sich darin üben, gegenüber der Welt eine solche Seelenverfassung zu erhalten, wie sie im Sinne dieser Legende ist. Das Irrtümliche, Schlechte, Hässliche soll die Seele nicht abhalten, das Wahre, Gute und Schöne überall zu finden, wo es vorhanden ist. Nicht verwechseln soll man diese Positivität mit Kritiklosigkeit, mit dem willkürlichen Verschließen der Augen gegenüber dem Schlechten, Falschen und Minderwertigen. Wer die «schönen Zähne» eines toten Tieres bewundert, der sieht *auch* den verwesenden Leichnam. Aber dieser Leichnam hält ihn nicht davon ab, die schönen Zähne zu sehen. Man kann das Schlechte nicht gut, den Irrtum nicht wahr finden; aber man kann es dahin bringen, dass man durch das Schlechte nicht abgehalten werde, das Gute, durch den Irrtum nicht, das Wahre zu sehen.

Das Denken in Verbindung mit dem Willen erfährt eine gewisse Reifung, wenn man versucht, sich niemals durch etwas, was man erlebt oder erfahren hat, die unbefangene Empfänglichkeit für neue Erlebnisse rauben zu lassen. Für den Geistesschüler soll der Gedanke seine Bedeutung ganz verlieren: «Das habe ich noch nie gehört, das glaube ich nicht.» Er soll während einer gewissen Zeit geradezu überall darauf ausgehen, sich bei jeder Gelegenheit von einem jeglichen Dinge und Wesen Neues sagen zu lassen. Von jedem Luftzug, von jedem Baumblatt, von jeglichem Lallen eines Kindes kann man lernen, wenn man bereit ist, einen Gesichtspunkt in Anwendung zu bringen, den man bisher nicht in Anwendung gebracht hat. Es wird allerdings leicht möglich sein, in Bezug auf eine solche Fähigkeit zu weit zu gehen. Man soll ja nicht etwa in einem gewissen Lebensalter die Erfahrungen, die man über die Dinge gemacht hat, außer Acht lassen. Man soll, was man in der Gegenwart erlebt, nach den Erfahrungen der Vergangenheit beurteilen. Das kommt auf die eine Waagschale; auf die andere aber muss für den Geistesschüler die Geneigtheit kommen, immer Neues zu erfahren. Und vor allem der Glaube an die Möglichkeit, dass neue Erlebnisse den alten widersprechen können.

Damit sind fünf Eigenschaften der Seele genannt, welche sich in regelrechter Schulung der Geistesschüler anzueignen hat: die Herrschaft über die Gedankenführung, die Herrschaft über die Willensimpulse, die Gelassenheit gegenüber Lust und Leid, die Positivität im Beurteilen der

Welt, die Unbefangenheit in der Auffassung des Lebens. Wer gewisse Zeiten aufeinanderfolgend dazu verwendet hat, um sich in der Erwerbung dieser Eigenschaften zu üben, der wird dann noch nötig haben, in der Seele diese Eigenschaften zum harmonischen Zusammenstimmen zu bringen. Er wird sie gewissermaßen je zwei und zwei, drei und eine usw. gleichzeitig üben müssen, um Harmonie zu bewirken.

Die charakterisierten Übungen sind durch die Methoden der Geistesschulung angegeben, weil sie bei *gründlicher* Ausführung in dem Geistesschüler nicht nur das bewirken, was oben als unmittelbares Ergebnis genannt worden ist, sondern mittelbar noch vieles andere im Gefolge haben, was auf dem Wege zu den geistigen Welten gebraucht wird. Wer diese Übungen in genügendem Maße macht, wird während derselben auf manche Mängel und Fehler seines Seelenlebens stoßen; und er wird die gerade ihm notwendigen Mittel finden zur Kräftigung und Sicherung seines intellektuellen, gefühlsmäßigen und Charakterlebens. Er wird gewiss noch manche andere Übungen nötig haben, je nach seinen Fähigkeiten, seinem Temperament und Charakter; solche ergeben sich aber, wenn die genannten ausgiebig durchgemacht werden. Ja, man wird bemerken, dass die dargestellten Übungen *mittelbar* auch dasjenige nach und nach geben, was zunächst nicht in ihnen zu liegen scheint. Wenn z. B. jemand zu wenig Selbstvertrauen hat, so wird er nach entsprechender Zeit bemerken können, dass sich durch die Übungen das notwendige Selbstvertrauen einstellt. Und so ist es in Bezug auf andere Seeleneigenschaften. (Besondere, mehr ins Einzelne gehende Übungen findet man in meinem Buche: «Wie erlangt man Erkenntnisse der höheren Welten?») – Bedeutungsvoll ist, dass der Geistesschüler die angegebenen Fähigkeiten in immer höheren Graden zu steigern vermag. Die Beherrschung der Gedanken und Empfindungen muss er so weit bringen, dass die Seele die Macht erhält, Zeiten vollkommener innerer Ruhe herzustellen, in denen der Mensch seinem Geiste und seinem Herzen alles fernhält, was das alltägliche, äußere Leben an Glück und Leid, an Befriedigungen und Kümmernissen, ja an Aufgaben und Forderungen bringt. Eingelassen werden soll in solchen Zeiten nur dasjenige in die Seele, was diese selbst im Zustande der Versenkung einlassen will. Leicht kann sich demgegenüber ein Vorurteil geltend machen. Es könnte die Meinung entstehen, man werde dem Leben und seinen Aufgaben entfremdet, wenn man sich mit Herz und Geist für gewisse Zeiten des Tages aus demselben zurückzieht. Das ist aber in Wirklichkeit durchaus nicht der Fall. Wer sich in der geschilderten Art Perioden der inneren Stille und des Friedens hingibt, dem wachsen aus denselben für die Aufgaben auch des äußeren Lebens so viele und so starke Kräfte zu, dass er die Lebenspflichten dadurch nicht nur nicht schlechter, sondern ganz gewiss besser erfüllt.

Wortlaut der Nebenübungen in den *«Allgemeinen Anforderungen», die ein jeder an sich selbst stellen muss, der eine okkulte Entwickelung durchmachen will* (sog. Vor- oder Nebenübungen) *

Im Folgenden werden die Bedingungen dargestellt, die einer okkulten Entwickelung zugrunde liegen müssen. Es sollte niemand denken, dass er durch irgendwelche Maßnahmen des äußeren oder inneren Lebens vorwärtskommen könne, wenn er diese Bedingungen nicht erfüllt. Alle Meditations- und Konzentrations- und sonstigen Übungen werden wertlos, ja, in einer gewissen Beziehung sogar schädlich sein, wenn das Leben nicht im Sinne dieser Bedingungen sich regelt. Man kann dem Menschen keine Kräfte geben; man kann nur die in ihm schon liegenden zur Entwickelung bringen. Sie entwickeln sich nicht von selbst, weil es äußere und innere Hindernisse für sie gibt. Die äußeren Hindernisse werden behoben durch die folgenden Lebensregeln. Die inneren durch die besonderen Anweisungen über Meditation und Konzentration usw.

Die erste Bedingung ist die Aneignung eines vollkommen klaren Denkens. Man muss zu diesem Zwecke sich, wenn auch nur eine ganz kurze Zeit des Tages, etwa fünf Minuten (je mehr, desto besser) frei machen von dem Irrlichtelieren der Gedanken. Man muss Herr in seiner Gedankenwelt werden. Man ist nicht Herr, wenn äußere Verhältnisse, Beruf, irgendwelche Tradition, gesellschaft-

* Abdruck aus «Seelenübungen» (GA 267)

liche Verhältnisse, ja, selbst die Zugehörigkeit zu einem gewissen Volkstum, wenn Tageszeit, bestimmte Verrichtungen usw., usw., bestimmen, dass man einen Gedanken hat, und wie man ihn ausspinnt. Man muss sich also in obiger Zeit ganz nach freiem Willen leer machen in der Seele von dem gewöhnlichen, alltäglichen Gedankenablauf und sich aus eigener Initiative einen Gedanken in den Mittelpunkt der Seele rücken. Man braucht nicht zu glauben, dass dies ein hervorragender oder interessanter Gedanke sein muss; was in okkulter Beziehung erreicht werden soll, wird sogar besser erreicht, wenn man anfangs sich bestrebt, einen möglichst uninteressanten und unbedeutenden Gedanken zu wählen. Dadurch wird die selbsttätige Kraft des Denkens, auf die es ankommt, mehr erregt, während bei einem Gedanken, der interessant ist, dieser selbst das Denken fortreißt. Es ist besser, wenn diese Bedingung der Gedankenkontrolle mit einer Stecknadel als wenn sie mit Napoleon dem Großen vorgenommen wird. Man sagt sich: Ich gehe jetzt von diesem Gedanken aus und reihe an ihn durch eigenste innere Initiative alles, was sachgemäß mit ihm verbunden werden kann. Der Gedanke soll dabei am Ende des Zeitraumes noch ebenso farbenvoll und lebhaft vor der Seele stehen wie am Anfang. Man mache diese Übung Tag für Tag, mindestens einen Monat hindurch; man kann jeden Tag einen neuen Gedanken vornehmen; man kann aber auch einen Gedanken mehrere Tage festhalten. Am Ende einer solchen Übung versuche man, das innere Gefühl von Festigkeit und Sicherheit, das man bei subtiler Aufmerksamkeit auf die eigene Seele bald bemerken wird, sich voll zum Bewusstsein zu bringen, und dann beschließe man die Übungen dadurch, dass man an sein Haupt und an die Mitte des Rückens (Hirn und Rückenmark) denkt, so wie wenn man jenes Gefühl in diesen Körperteil hineingießen wollte.

Hat man sich etwa einen Monat also geübt, so lasse man eine zweite Forderung hinzutreten. Man versuche, irgendeine Handlung zu erdenken, die man nach dem gewöhnlichen Verlaufe seines bisherigen Lebens ganz gewiss nicht vorgenommen hätte. Man mache sich nun diese Handlung für jeden Tag selbst zur Pflicht. Es wird daher gut sein, wenn man eine Handlung wählen kann, die jeden Tag durch einen möglichst langen Zeitraum vollzogen werden kann. Wieder ist es besser, wenn man mit einer unbedeutenden Handlung beginnt, zu der man sich sozusagen zwingen muss, zum Beispiel man nimmt sich vor, zu einer bestimmten Stunde des Tages eine Blume, die man sich gekauft hat, zu begießen. Nach einiger Zeit soll eine zweite dergleichen Handlungen zur ersten hinzutreten, später eine dritte und so fort, so viel man bei Aufrechterhaltung seiner sämtlichen anderen Pflichten ausführen kann. Diese Übung soll wieder einen Monat lang dauern. Aber man soll, so viel man kann, auch während dieses zweiten Monats der ersten Übung obliegen, wenn man sich diese letztere auch nicht mehr so zur ausschließlichen Pflicht macht wie im ersten Monat. Doch darf sie nicht außer Acht gelassen werden, sonst würde man bald bemerken, wie die Früchte des ersten Monats bald verloren sind und der alte Schlendrian der unkontrollierten Gedanken wieder beginnt. Man muss überhaupt darauf bedacht sein, dass man diese Früchte, einmal gewonnen, nie wieder verliere. Hat man eine solche durch die zweite Übung vollzogene Initiativ-Handlung hinter sich, so werde man sich des Gefühles von innerem Tätigkeitsantrieb innerhalb der Seele in subtiler Aufmerksamkeit bewusst und gieße dieses Gefühl gleichsam so in seinen Leib, dass man es vom Kopfe bis über das Herz herabströmen lasse.

Im dritten Monat soll als neue Übung in den Mittelpunkt des Lebens gerückt werden die Ausbildung eines gewissen Gleichmutes gegenüber den Schwankungen von Lust und Leid, Freude und Schmerz, das «Himmelhochjauchzend, zu Tode betrübt» soll mit Bewusstsein durch eine gleichmäßige Stimmung ersetzt werden. Man gibt auf sich acht, dass keine Freude mit einem durchgehe, kein Schmerz einen zu Boden drücke, keine Erfahrung einen zu maßlosem Zorn oder Ärger hinreiße, keine Erwartung einen mit Ängstlichkeit oder Furcht erfülle, keine Situation einen fassungslos mache usw., usw. Man befürchte nicht, dass eine solche Übung einen nüchtern und lebensarm mache: man wird vielmehr alsbald bemerken, dass an Stelle dessen, was durch diese Übung vorgeht, geläutertere Eigenschaften der Seele auftreten; vor allem wird man eines Tages eine innere Ruhe im Körper durch subtile Aufmerksamkeit spüren können; diese gieße man, ähnlich wie in den beiden oberen Fällen, in den Leib, indem man sie vom Herzen nach den Händen, den Füßen und zuletzt nach dem Kopfe strahlen lässt. Dies kann natürlich in diesem Falle nicht nach jeder einzelnen Übung vorgenommen werden, da man es im Grunde nicht mit einer einzelnen Übung zu tun hat, sondern mit einer fortwährenden Aufmerksamkeit auf sein inneres Seelenleben. Man muss sich jeden Tag wenigstens einmal diese innere Ruhe vor die Seele rufen und dann die Übung des Ausströmens vom Herzen vornehmen. Mit den Übungen des ersten und zweiten Monats verhalte man sich wie mit der des ersten Monats im zweiten.

Im vierten Monat soll man als neue Übung die sogenannte Positivität aufnehmen. Sie besteht darin, allen Erfahrungen, Wesenheiten und Dingen gegenüber stets das in ihnen vorhandene Gute, Vortreffliche, Schöne usw. aufzusuchen. Am besten wird diese Eigenschaft der Seele charakterisiert durch eine persische Legende über den Christus Jesus. Als dieser mit seinen Jüngern einmal einen Weg machte, sahen sie am Wegrande einen schon sehr in Verwesung übergegangenen Hund liegen. Alle Jünger wandten sich von dem hässlichen Anblick ab, nur der Christus Jesus blieb stehen, betrachtete sinnig das Tier und sagte: Welch wunderschöne Zähne hat das Tier! Wo die andern nur das Hässliche, Unsympathische gesehen hatten, suchte er das Schöne. So muss der esoterische Schüler trachten, in einer jeglichen Erscheinung und in einem jeglichen Wesen das Positive zu suchen. Er wird alsbald bemerken, dass unter der Hülle eines Hässlichen ein verborgenes Schönes, dass selbst unter der Hülle eines Verbrechers ein verborgenes Gutes, dass unter der Hülle eines Wahnsinnigen die göttliche Seele irgendwie verborgen ist. Diese Übung hängt in etwas zusammen mit dem, was man die Enthaltung von Kritik nennt. Man darf diese Sache nicht so auffassen, als ob man schwarz weiß und weiß schwarz nennen sollte. Es gibt aber einen Unterschied zwischen einer Beurteilung, die von der eigenen Persönlichkeit bloß ausgeht und Sympathie und

Antipathie nach dieser eigenen Persönlichkeit beurteilt. Und es gibt einen Standpunkt, der sich liebevoll in die fremde Erscheinung oder das fremde Wesen versetzt und sich überall fragt: Wie kommt dieses Andere dazu, so zu sein oder so zu tun? Ein solcher Standpunkt kommt ganz von selbst dazu, sich mehr zu bestreben, dem Unvollkommenen zu helfen, als es bloß zu tadeln und zu kritisieren. Der Einwand, dass die Lebensverhältnisse von vielen Menschen verlangen, dass sie tadeln und richten, kann hier nicht gemacht werden. Denn dann sind diese Lebensverhältnisse eben solche, dass der Betreffende eine richtige okkulte Schulung nicht durchmachen kann. Es sind eben viele Lebensverhältnisse vorhanden, die eine solche okkulte Schulung in ausgiebigem Maße nicht möglich machen. Da sollte eben der Mensch nicht ungeduldig verlangen, trotz alledem Fortschritte zu machen, die eben nur unter gewissen Bedingungen gemacht werden können. Wer einen Monat hindurch sich bewusst auf das Positive in allen seinen Erfahrungen hinrichtet, der wird nach und nach bemerken, dass sich ein Gefühl in sein Inneres schleicht, wie wenn seine Haut von allen Seiten durchlässig würde und seine Seele sich weit öffnete gegenüber allerlei geheimen und subtilen Vorgängen in seiner Umgebung, die vorher seiner Aufmerksamkeit völlig entgangen waren. Gerade darum handelt es sich, die in jedem Menschen vorhandene Aufmerksamslosigkeit gegenüber solchen subtilen Dingen zu bekämpfen. Hat man einmal bemerkt, dass dies beschriebene Gefühl wie eine Art von Seligkeit sich in der Seele geltend macht, so versuche man dieses Gefühl im Gedanken nach dem Herzen hinzulenken und es von da in die Augen strömen zu lassen, von da hinaus in den Raum vor und um den Menschen herum. Man wird bemerken, dass man ein intimes Verhältnis zu diesem Raum dadurch erhält. Man wächst gleichsam über sich hinaus. Man lernt ein Stück seiner Umgebung noch wie etwas betrachten, das zu einem selber gehört. Es ist recht viel Konzentration zu dieser Übung notwendig und vor allen Dingen ein Anerkennen der Tatsache, dass alles Stürmische, Leidenschaftliche, Affektreiche völlig vernichtend auf die angedeutete Stimmung wirkt. Mit der Wiederholung der Übungen von den ersten Monaten hält man es wieder so, wie für frühere Monate schon angedeutet ist.

Im fünften Monat versuche man dann in sich das Gefühl auszubilden, völlig unbefangen einer jeden neuen Erfahrung gegenüberzutreten. Was uns entgegentritt, wenn die Menschen gegenüber einem eben Gehörten und Gesehenen sagen: «Das habe ich noch nie gehört, das habe ich noch nie gesehen, das glaube ich nicht, das ist eine Täuschung», mit dieser Gesinnung muss der esoterische Schüler vollständig brechen. Er muss bereit sein, jeden Augenblick eine völlig neue Erfahrung entgegenzunehmen. Was er bisher als gesetzmäßig erkannt hat, was ihm als möglich erschienen ist, darf keine Fessel sein für die Aufnahme einer neuen Wahrheit. Es ist zwar radikal ausgesprochen, aber durchaus richtig, dass wenn jemand zu dem esoterischen Schüler kommt und ihm sagt: «Du, der Kirchturm der X-Kirche steht seit dieser Nacht völlig schief», so soll der Esoteriker sich eine Hintertür offen lassen für den möglichen Glauben, dass seine bisherige Kenntnis der Naturgesetze doch noch eine Erweiterung erfahren könne durch eine solche scheinbar unerhörte Tatsache. Wer im fünften Monat seine Aufmerksamkeit darauf lenkt, so gesinnt zu sein, der wird bemerken, dass sich ein Gefühl in seine Seele schleicht, als ob in jenem Raum, von dem bei der Übung im vierten Monat gesprochen wurde, etwas lebendig würde, als ob sich darin etwas regte. Dieses Gefühl ist außerordentlich fein und subtil. Man muss versuchen, dieses subtile Vibrieren in der Umgebung aufmerksam zu erfassen und es gleichsam einströmen zu lassen durch alle fünf Sinne, namentlich durch Auge, Ohr und durch die Haut, insofern diese Letztere den Wärmesinn enthält. Weniger Aufmerksamkeit verwende man auf dieser Stufe der esoterischen Entwickelung auf die Eindrücke jener Regungen in den niederen Sinnen, des Geschmacks, Geruchs und des Tastens. Es ist auf dieser Stufe noch nicht gut möglich, die zahlreichen schlechten Einflüsse, die sich unter die auch vorhandenen guten dieses Gebiets einmischen, von diesen zu unterscheiden; daher überlässt der Schüler diese Sache einer späteren Stufe.

Im sechsten Monat soll man dann versuchen, systematisch in einer regelmäßigen Abwechslung alle fünf Übungen immer wieder und wieder vorzunehmen. Es bildet sich daher allmählich ein schönes Gleichgewicht der Seele heraus. Man wird namentlich bemerken, dass etwa vorhandene Unzufriedenheiten mit Erscheinung und Wesen der Welt vollständig verschwinden. Eine allen Erlebnissen versöhnliche Stimmung bemächtigt sich der Seele, die keineswegs Gleichgültigkeit ist, sondern im Gegenteil erst befähigt, tatsächlich bessernd und fortschrittlich in der Welt zu arbeiten. Ein ruhiges Verständnis von Dingen eröffnet sich, die früher der Seele völlig verschlossen waren. Selbst Gang und Gebärde des Menschen ändern sich unter dem Einfluss solcher Übungen, und kann der Mensch gar eines Tages bemerken, dass seine Handschrift einen anderen Charakter angenommen hat, dann darf er sich sagen, dass er eine erste Sprosse auf dem Pfade aufwärts eben im Begriffe zu erreichen ist. Noch einmal muss zweierlei eingeschärft werden:

Erstens, dass die besprochenen sechs Übungen den schädlichen Einfluss, den andere okkulte Übungen haben können, paralysieren, sodass nur das Günstige vorhanden bleibt.[41] Und zweitens, dass sie den positiven Erfolg der Meditations- und Konzentrationsarbeit eigentlich allein sichern. Selbst die bloße noch so gewissenhafte Erfüllung landläufiger Moral genügt für den Esoteriker noch nicht, denn diese Moral kann sehr egoistisch sein, wenn sich der Mensch sagt: Ich will gut sein, damit ich für gut befunden werde. – Der Esoteriker tut das Gute nicht, weil er für gut befunden werden soll, sondern weil er nach und nach erkennt, dass das Gute allein die Evolution vorwärts bringt, das Böse dagegen und das Unkluge und das Hässliche dieser Evolution Hindernisse in den Weg legen.

Wortlaut der Nebenübungen in der *«Theosophie»* (GA 9) (Aus dem Kapitel «Der Pfad der Erkenntnis»)

Man kann gar nicht stark genug betonen, wie notwendig es ist, dass derjenige die ernste Gedankenarbeit auf sich nehme, der seine höheren Erkenntnisfähigkeiten ausbilden will. Diese Betonung muss umso dringlicher sein, als viele Menschen, welche zum «Seher» werden wollen, diese ernste, entsagungsvolle Gedankenarbeit geradezu gering achten. Sie sagen, das «Denken» kann mir doch nichts helfen; es kommt auf die «Empfindung», das «Gefühl» oder Ähnliches an. Dem gegenüber muss gesagt werden, dass *niemand* im höheren Sinne (d. h. wahrhaft) ein «Seher» werden kann, der nicht vorher sich in das Gedankenleben eingearbeitet hat. Es spielt da bei vielen Personen eine gewisse innere Bequemlichkeit eine missliche Rolle. Sie werden sich dieser Bequemlichkeit nicht bewusst, weil sie sich in eine Verachtung des «abstrakten Denkens», des «müßigen Spekulierens» usw. kleidet. Aber man verkennt eben das Denken, wenn man es mit dem Ausspinnen müßiger, abstrakter Gedankenfolgen verwechselt. Dieses «abstrakte Denken» kann die übersinnliche Erkenntnis leicht ertöten. Das lebensvolle Denken kann ihr zur Grundlage werden. Es wäre allerdings viel bequemer, wenn man zu der höheren Sehergabe unter Vermeidung der Gedankenarbeit kommen könnte. Das möchten eben viele. Es ist aber dazu eine innere

Festigkeit, eine seelische Sicherheit nötig, zu der nur das Denken führen kann. Sonst kommt doch nur ein wesenloses Hin- und Herflackern in Bildern, ein verwirrendes Seelenspiel zustande, das zwar manchem Lust macht, das aber mit einem wirklichen Eindringen in höhere Welten nichts zu tun hat. – Wenn man ferner bedenkt, welche rein geistigen Erlebnisse in einem Menschen vor sich gehen, der wirklich die höhere Welt betritt, dann wird man auch begreifen, dass die Sache noch eine andere Seite hat. Zum «Seher» gehört absolute *Gesundheit* des Seelenlebens. Es gibt nun keine bessere Pflege dieser Gesundheit als das echte Denken. Ja, es kann diese Gesundheit ernstlich leiden, wenn die Übungen zur höheren Entwicklung nicht auf dem Denken aufgebaut sind. So wahr es ist, dass einen gesund und richtig denkenden Menschen die Sehergabe noch gesunder, noch tüchtiger zum Leben machen wird, als er ohne dieselbe ist, so wahr ist es auch, dass alles Sich-Entwickelnwollen bei einer Scheu vor Gedankenanstrengung, alle Träumerei auf diesem Gebiete der Phantasterei und auch der falschen Einstellung zum Leben Vorschub leistet. Niemand hat etwas zu fürchten, der unter Beobachtung des hier Gesagten sich zu höherer Erkenntnis entwickeln will; doch sollte es eben nur unter dieser Voraussetzung geschehen. *Diese* Voraussetzung hat nur mit der Seele und dem Geiste des Menschen zu tun; zu reden von einem irgendwie gearteten schädlichen Einfluss auf leibliche Gesundheit ist bei dieser Voraussetzung absurd.

Der unbegründete Unglaube allerdings ist schädlich. Denn er wirkt in dem Empfangenden als eine zurückstoßende Kraft. Er verhindert ihn, die befruchtenden Gedanken aufzunehmen. Kein blinder Glaube, wohl aber die Aufnahme der geisteswissenschaftlichen Gedankenwelt wird bei der Erschließung der höheren Sinne vorausgesetzt. Der Geistesforscher tritt seinem Schüler entgegen mit der Zumutung: *nicht glauben* sollst du, was ich dir sage, sondern es *denken,* es zum Inhalte deiner eigenen Gedankenwelt machen, dann werden meine Gedanken schon selbst in dir bewirken, dass du sie in ihrer Wahrheit erkennst. Dies ist die Gesinnung des Geistesforschers. Er gibt die Anregung; die Kraft des Fürwahrhaltens entspringt aus dem eigenen Innern des Aufnehmenden. Und in diesem Sinne sollten die geisteswissenschaftlichen Anschauungen gesucht werden. Wer die Überwindung hat, sein Denken in diese zu versenken, kann sicher sein, dass in einer kürzeren oder längeren Zeit sie ihn zu eigenem Anschauen führen werden.

Schon in dem Gesagten liegt eine erste Eigenschaft angedeutet, die derjenige in sich ausbilden muss, der zu eigener Anschauung höherer Tatsachen kommen will. Es ist die *rückhaltlose, unbefangene Hingabe* an dasjenige, was das Menschenleben oder auch die außermenschliche Welt offenbaren. Wer von vornherein mit dem Urteil, das er aus seinem bisherigen Leben mitbringt, an eine Tatsache der Welt herantritt, der verschließt sich durch solches Urteil gegen die ruhige, allseitige Wirkung, welche diese Tatsache auf ihn ausüben kann. Der Lernende muss in jedem Augenblicke sich zum völlig leeren Gefäß machen können, in das die fremde Welt einfließt. Nur diejenigen Augenblicke sind solche der Erkenntnis, wo jedes Urteil, jede Kritik schweigen, die von uns ausgehen. Es kommt z. B. gar nicht darauf an, wenn wir einem Menschen gegenübertreten, ob wir weiser sind als er. Auch das unverständigste Kind hat dem höchsten Weisen etwas zu offenbaren. Und wenn dieser mit seinem noch so weisen Urteil an das Kind herantritt, so schiebt sich seine Weisheit wie ein trübes Glas vor dasjenige, was das Kind ihm offenbaren soll.[42] Zu dieser Hingabe an die Offenbarungen der fremden Welt gehört völlige innere Selbstlosigkeit. Und wenn sich der Mensch prüft, in welchem Grade er diese Hingabe hat, so wird er erstaunliche Entdeckungen an sich selbst machen. Will einer den Pfad der höheren Erkenntnis betreten, so muss er sich darin üben, sich selbst mit allen seinen Vorurteilen in jedem Augenblicke auslöschen zu können. Solange er sich auslöscht, fließt das andere in ihn hinein. Nur hohe Grade von solch selbstloser Hingabe befähigen zur Aufnahme der höheren geistigen Tatsachen, die den Menschen überall umgeben. Man kann zielbewusst in sich diese Fähigkeit ausbilden. Man versuche z. B. gegenüber Menschen seiner Umgebung sich jedes Urteils zu enthalten. Man erlösche in sich den Maßstab von anziehend und abstoßend, von dumm oder gescheit, den man gewohnt ist anzulegen; und man versuche, ohne diesen Maßstab die Menschen rein aus sich selbst heraus zu verstehen. Die besten Übungen kann man an Menschen machen, vor denen man einen Abscheu hat. Man unterdrücke mit aller Gewalt diesen Abscheu und lasse alles unbefangen auf sich wirken, was sie tun. – Oder wenn man in einer Umgebung ist, welche dies oder jenes Urteil herausfordert, so unterdrücke man das Urteil und setze sich unbefangen den Eindrücken aus.[43] – Man lasse die Dinge und Ereignisse mehr *zu sich* sprechen, als dass man über sie spreche. Und man dehne das auch auf seine Gedankenwelt aus. Man unterdrücke *in sich* dasjenige, was diesen oder jenen Gedanken bildet, und lasse lediglich das, was draußen ist, die Gedanken bewirken. – Nur wenn mit heiligstem Ernst und Beharrlichkeit solche Übungen angestellt werden, führen sie zum höheren Erkenntnisziele. Wer solche Übungen unterschätzt, der weiß eben nichts von ihrem Wert. Und wer Erfahrung in solchen Dingen hat, der weiß, dass Hingabe und Unbefangenheit wirkliche Krafterzeuger sind. Wie die Wärme, die man in den Dampfkessel bringt, sich in die fortbewegende Kraft der Lokomotive verwandelt, so verwandeln sich die Übungen der selbstlosen geistigen Hingabe in dem Menschen zur Kraft des Schauens in den geistigen Welten.

Durch diese Übung macht sich der Mensch aufnahmefähig für alles dasjenige, was ihn umgibt. Aber zur Aufnahmefähigkeit muss auch die richtige Schätzung treten. Solange der Mensch noch geneigt ist, sich selbst auf Kosten der ihn umgebenden Welt zu überschätzen, so lange verlegt er sich den Zugang zu höherer Erkenntnis. Wer einem jeglichen Dinge oder Ereignisse der Welt gegenüber sich der Lust oder dem Schmerze hingibt, die sie *ihm* bereiten, der ist in solcher Überschätzung seiner selbst befangen. Denn an *seiner* Lust und an *seinem* Schmerz erfährt er nichts über die Dinge, sondern nur etwas über sich selbst. Empfinde ich Sympathie für einen Menschen, so empfinde ich zunächst nur *mein* Verhältnis zu ihm. Mache ich mich in meinem Urteil, in meinem Verhalten lediglich von diesem Gefühle der Lust, der Sympathie abhängig, dann stelle ich meine Eigenart in den Vordergrund; ich dränge diese der Welt auf.

bung hindurch, statt sich ihr auszusetzen und sie in ihrem Werte zu fühlen.

Und wenn der Mensch nicht mehr auf jede Lust und jeden Schmerz, auf jede Sympathie und Antipathie hin seine eigensüchtige Antwort, sein eigensüchtiges Verhalten hat, dann wird er auch unabhängig von den *wechselnden* Eindrücken der Außenwelt. Die Lust, die man an einem Dinge empfindet, macht einen sogleich von diesem abhängig. Man verliert sich an das Ding. Ein Mensch, der je nach den wechselnden Eindrücken sich in Lust und Schmerz verliert, kann nicht den Pfad der geistigen Erkenntnis wandeln. Mit *Gelassenheit* muss er Lust und Schmerz aufnehmen. Dann hört er auf, sich in ihnen zu verlieren; dann fängt er aber dafür an, sie zu verstehen. Eine Lust, der ich mich hingebe, verzehrt mein Dasein in dem Augenblicke der Hingabe. Ich aber soll die Lust nur benutzen, um durch sie zum Verständnisse des Dinges zu kommen, das mir Lust bereitet. Es soll mir nicht darauf ankommen, *dass* das Ding mir Lust bereitet: ich soll die Lust erfahren und durch die Lust das *Wesen* des Dinges.

Die Lust soll für mich nur sein Verkündigung dessen, dass in dem Dinge eine Eigenschaft ist, die sich eignet, Lust zu bereiten. Diese Eigenschaft soll ich erkennen lernen. Bleibe ich bei der Lust stehen, lasse ich mich ganz von ihr einnehmen, so bin ich es nur selbst, der sich auslebt; ist mir die Lust nur die Gelegenheit, eine Eigenschaft des Dinges zu erleben, so mache ich durch dieses Erlebnis mein Inneres reicher. Dem Forschenden müssen Lust und Unlust, Freude und Schmerz *Gelegenheit* sein, durch die er von den Dingen lernt. Der Forschende wird dadurch nicht stumpf gegen Lust und Schmerz; aber er erhebt sich über sie, damit sie ihm die Natur der Dinge offenbaren. Wer nach dieser Richtung hin sich entwickelt, wird einsehen lernen, welche Lehrmeister Lust und Schmerz sind. Er wird mit jedem Wesen mitempfinden und dadurch die Offenbarung von dessen Innerem empfangen. Der Forschende sagt sich niemals allein: oh, wie leide ich, wie freue ich mich, sondern stets: wie spricht das Leid, wie spricht die Freude. Er gibt sich hin, um Lust und Freude der Außenwelt auf sich einwirken zu lassen. Dadurch entwickelt sich in dem Menschen eine völlig neue Art, sich zu den Dingen zu stellen. Früher ließ der Mensch diese oder jene Handlung auf diesen oder jenen Eindruck nur deshalb folgen, weil die Eindrücke ihn freuten oder ihm Unlust machten. Jetzt aber lässt er Lust und Unlust auch die Organe sein, durch die ihm die Dinge sagen, wie sie, ihrem Wesen nach, selbst sind. Lust und Schmerz werden aus bloßen Gefühlen *in ihm* zu Sinnesorganen, durch welche die Außenwelt wahrgenommen wird. Wie das Auge nicht selbst handelt, wenn es etwas sieht, sondern die Hand handeln lässt, so bewirken Lust und Schmerz in dem geistig Forschenden, insofern er sie als Erkenntnismittel anwendet, nichts, sondern sie empfangen Eindrücke, und das, was durch Lust und Unlust erfahren ist, das bewirkt die Handlung. Wenn der Mensch in der Art Lust und Unlust übt, dass sie Durchgangsorgane werden, so bauen sie ihm in seiner Seele die eigentlichen Organe auf, durch die sich ihm die seelische Welt erschließt. Das Auge kann nur dadurch dem Körper dienen, dass es ein Durchgangsorgan für sinnliche Eindrücke ist; Lust und Schmerz werden zu *Seelenaugen* sich entwickeln, wenn sie aufhören, bloß für sich etwas zu gelten, und anfangen, der eigenen Seele die fremde Seele zu offenbaren.

Durch die genannten Eigenschaften setzt sich der Erkennende in die Lage, ohne störende Einflüsse seiner Eigenheiten dasjenige auf sich einwirken zu lassen, was in seiner Umwelt wesenhaft vorhanden ist. Er hat aber auch sich selbst in die geistige Umwelt in richtiger Art einzufügen. Er ist ja als denkendes Wesen Bürger der geistigen Welt. Er kann das nur in rechter Weise sein, wenn er während des Geisterkennens seinen Gedanken einen Ablauf gibt, der den ewigen Gesetzen der Wahrheit, den Gesetzen des Geisterlandes, entspricht. Denn nur so kann dieses Land auf ihn wirken und ihm seine Tatsachen offenbaren. Der Mensch gelangt nicht zur Wahrheit, wenn er sich nur den fortwährend durch sein Ich ziehenden Gedanken überlässt. Denn dann nehmen diese Gedanken einen Verlauf, der ihnen dadurch aufgedrängt wird, dass sie innerhalb der leiblichen Natur zum Dasein kommen. Regellos und wirr nimmt sich die Gedankenwelt eines Menschen aus, der sich der zunächst durch sein leibliches Gehirn bedingten Geistestätigkeit überlässt. Da setzt ein Gedanke ein, bricht ab, wird durch einen anderen aus dem Felde geschlagen. Wer prüfend das Gespräch zweier Menschen belauscht, wer sich unbefangen selbst beobachtet, der erhält eine Vorstellung von dieser irrlichtelierenden Gedankenmasse. Solange nun der Mensch sich bloß den Aufgaben des Sinnenlebens widmet, so lange wird sein wirrer Gedankenablauf durch die Tatsachen der Wirklichkeit immer wieder zurechtgerückt. Ich mag noch so verworren denken: der Alltag drängt mir in meinen Handlungen die der Wirklichkeit entsprechenden

Gesetze auf. Mein Gedankenbild einer Stadt mag sich als das regelloseste gestalten: will ich in der Stadt einen Weg machen, so muss ich mich den vorhandenen Tatsachen fügen. Der Mechaniker kann mit noch so bunt durcheinander wirbelnden Vorstellungen seine Werkstätte betreten; er wird durch die Gesetze seiner Maschinen zu richtigen Maßnahmen geführt. Innerhalb der Sinnenwelt üben die Tatsachen ihre fortwährende Korrektur für das Denken. Wenn ich eine falsche Ansicht über eine physische Erscheinung oder über die Gestalt einer Pflanze ausdenke, so tritt mir die Wirklichkeit entgegen und rückt mein Denken zurecht. Ganz anders ist es, wenn ich mein Verhältnis zu den höheren Gebieten des Daseins betrachte. Sie enthüllen sich mir nur, wenn ich ihre Welten schon mit einem streng geregelten Denken betrete. Da muss mir mein Denken den rechten, den sicheren Antrieb geben, sonst finde ich nicht die entsprechenden Wege. Denn die geistigen Gesetze, die sich in diesen Welten ausleben, sind nicht bis zur physisch-sinnlichen Art verdichtet und üben also auf mich nicht den gekennzeichneten Zwang aus. Ich vermag diese Gesetze nur zu befolgen, wenn sie mit meinen eigenen, als denen eines denkenden Wesens, verwandt sind. Ich muss mir hier selbst ein sicherer Wegweiser sein. Der Erkennende muss also sein Denken zu einem streng in sich geregelten machen. Die Gedanken müssen sich bei ihm allmählich ganz entwöhnen, den alltäglichen Gang zu nehmen. Sie müssen in ihrem ganzen Verlaufe den inneren Charakter der geistigen Welt annehmen. Er muss sich nach dieser Richtung beobachten können und in der Hand haben. Nicht willkürlich darf sich bei ihm ein Gedanke an den andern anreihen, sondern allein so, wie es dem strengen Inhalte der Gedankenwelt entspricht. Der Übergang von einer Vorstellung zur andern muss den strengen Denkgesetzen entsprechen. Der Mensch muss als Denker gewissermaßen stets ein Abbild dieser Denkgesetze darstellen. Alles, was nicht aus diesen Gesetzen fließt, muss er seinem Vorstellungsablauf verbieten. Tritt ihm ein Lieblingsgedanke in den Weg, so muss er ihn abweisen, wenn der in sich geregelte Ablauf dadurch gestört wird. Will ein persönliches Gefühl seinen Gedanken eine gewisse, nicht in ihnen liegende Richtung aufzwingen, so muss er es unterdrücken. – Plato hat von denjenigen verlangt, die in seiner Schule sein wollten, dass sie zuerst einen mathematischen Lehrgang durchmachen. Und die Mathematik mit ihren strengen Gesetzen, die sich nicht nach dem alltäglichen Gang der Sinneserscheinungen richten, ist wirklich eine gute Vorbereitung für den Erkenntnis Suchenden. Er muss sich, wenn er in ihr vorwärtskommen will, aller persönlichen Willkür, aller Störungen entschlagen. Der Erkenntnis Suchende bereitet sich für seine Aufgabe dadurch vor, dass er durch Willkür alle selbsttätig waltende Willkür des Denkens überwindet. Er lernt, rein den Forderungen des Gedankens zu folgen. Und so muss er lernen, in jeglichem Denken, das der Geisterkenntnis dienen soll, vorzugehen. Dies *Gedankenleben* selbst muss ein Abbild des ungestörten mathematischen Urteilens und Schließens sein. Er muss bestrebt sein, wo er geht und steht, in solcher Art denken zu können. Dann fließen die Gesetzmäßigkeiten der geistigen Welt in ihn ein, die spurlos an ihm vorüber- und durch ihn hindurchziehen, wenn sein Denken den alltäglichen, verworrenen Charakter trägt. Ein geordnetes Denken bringt ihn von sicheren Ausgangspunkten aus zu den verborgensten Wahrheiten. Solche Hinweise sollen aber nicht einseitig aufgefasst werden. Wenn auch Mathematik eine gute Disziplinierung des Denkens bewirkt, so kann man doch zu einem reinen, gesunden und lebensvollen Denken auch kommen, ohne Mathematik zu treiben.

Und was der Erkenntnis Suchende für sein Denken, das muss er auch für sein Handeln anstreben. Dies muss, ohne störende Einflüsse von Seiten seiner Persönlichkeit, den Gesetzen des edlen Schönen und ewig Wahren folgen können. Diese Gesetze müssen ihm die Richtung geben können. Beginnt er etwas zu tun, was er als das Richtige erkannt hat, und befriedigt sich an diesem Tun sein persönliches Gefühl nicht, so darf er den betretenen Weg *deswegen* nicht verlassen. Er darf ihn aber auch nicht verfolgen, weil er ihm Freude macht, wenn er findet, dass er mit den Gesetzen des ewig Schönen und Wahren nicht übereinstimmt. Im alltäglichen Leben lassen sich die Menschen von dem zu ihren Handlungen bestimmen, was sie persönlich befriedigt, was *ihnen* Früchte trägt. Dadurch zwingen sie die Richtung ihrer Persönlichkeit dem Gang der Welterscheinungen auf. Sie verwirklichen nicht das Wahre, das in den Gesetzen der geistigen Welt vorgezeichnet ist, sie verwirklichen die Forderung ihrer Willkür. Erst dann wirkt man im Sinne der geistigen Welt, wenn man allein deren Gesetze befolgt. Aus dem, was bloß aus der Persönlichkeit heraus getan wird, ergeben sich keine Kräfte, die eine Grundlage bilden können für Geisterkenntnis. Der Erkenntnis Suchende kann nicht bloß fragen: was bringt mir Frucht, womit habe ich Erfolg, sondern er muss auch fragen können: was habe ich als das Gute erkannt? Verzicht auf die Früchte des Handelns für die Persönlichkeit, Verzicht auf alle Willkür: das sind die ernsten Gesetze, die er sich muss vorzeichnen können. Dann wandelt er in den Wegen der geistigen Welt, sein ganzes Wesen durchdringt sich mit diesen Gesetzen. Er wird frei von allem Zwang der Sinnenwelt: sein Geistmensch hebt sich heraus aus der sinnlichen Umhüllung. So gelangt er hinein in den Fortschritt zum Geistigen, so vergeistigt er sich selbst. Man kann nicht sagen: was nützen mir alle Vorsätze, rein den Gesetzen des Wahren zu folgen, wenn ich mich vielleicht über dieses Wahre irre? Es kommt auf das Streben, auf die Gesinnung an. Selbst der Irrende hat in dem Streben nach dem Wahren eine Kraft, die ihn von der unrichtigen Bahn ablenkt. Ist er im Irrtum, so ergreift ihn diese Kraft und führt ihn die Wege zum Rechten. Schon der Einwand: ich kann auch irren, ist störender Unglaube. Er zeigt, dass der Mensch kein Vertrauen hat in die Kraft des Wahren. Denn gerade darauf kommt es an, dass er sich nicht vermisst, von seinem eigensüchtigen Standpunkte aus sich die Ziele zu geben, sondern darauf, dass er sich selbstlos hingibt und von dem Geiste sich die Richtung bestimmen lässt. Nicht der eigensüchtige Menschenwille kann dem Wahren seine Vorschriften machen, sondern *dieses Wahre selbst* muss in dem Menschen zum Herrscher werden, muss sein ganzes Wesen durchdringen, ihn zum Abbild machen der ewigen Gesetze des Geisterlandes. Erfüllen muss er sich mit diesen ewigen Gesetzen, um sie ins Leben ausströmen zu lassen. – Wie sein Denken, so muss der Erkenntnis Suchende seinen Willen in strengem Gewahrsam haben können. Er wird dadurch in aller Bescheidenheit – ohne Anmaßung – ein Bote der Welt des Wahren und Schönen. Und dadurch, dass er dies wird, steigt er zum Teilnehmer der Geisteswelt auf. Dadurch wird er von Entwicklungsstufe zu Entwicklungsstufe gehoben. Denn man kann das geistige Leben nicht allein durch Anschauen, sondern man muss es dadurch erreichen, dass man es erlebt.

Beobachtet der Erkenntnis Suchende diese dargestellten Gesetze, so werden bei ihm diejenigen seelischen Erlebnisse, die sich auf die geistige Welt beziehen, eine völlig neue Gestalt annehmen. Er wird nicht mehr bloß *in ihnen* leben. Sie werden nicht mehr bloß eine Bedeutung für sein Eigenleben haben. Sie werden sich zu seelischen Wahrnehmungen der höheren Welt ausbilden. In seiner Seele wachsen die Gefühle, wachsen Lust und Unlust, Freude und Schmerz zu Seelenorganen aus, wie in seinem Körper Augen und Ohren nicht bloß ein Leben für sich führen, sondern selbstlos die äußeren Eindrücke durch sich hindurchgehen lassen. Und dadurch gewinnt der Erkenntnis Suchende die *Ruhe* und *Sicherheit* in der Seelenverfassung, die für das Forschen in der Geisteswelt nötig sind. Eine große Lust wird ihn nicht mehr bloß jauchzen machen, sondern ihm Verkünderin sein können von Eigenschaften der Welt, die ihm vorher entgangen sind. Sie wird ihn ruhig lassen; und durch die Ruhe werden die Merkmale der lustbringenden Wesenheiten sich ihm offenbaren. Ein Schmerz wird ihn nicht mehr bloß mit Betrübnis ganz ausfüllen, sondern ihm auch sagen können, welche Eigenschaften das Schmerz verursachende Wesen hat. Wie das Auge nichts für sich begehrt, sondern dem Menschen die Richtung des Weges angibt, den er zu gehen hat, so werden Lust und Schmerz die Seele ihre Bahn sicher führen. Dies ist der Zustand des seelischen Gleichgewichtes, in den der Erkennende kommen muss. Je weniger Lust und Schmerz sich in den Wellen erschöpfen, die sie im Innenleben des Erkennenden aufwerfen, desto mehr werden sie Augen bilden für die übersinnliche Welt. Solange der Mensch in Lust und Leid lebt, so lange *erkennt* er nicht durch sie. Wenn er *durch* sie zu leben lernt, wenn er sein Selbstgefühl aus ihnen herauszieht, dann werden sie seine Wahrnehmungsorgane; dann sieht, dann erkennt er durch sie. Es ist unrichtig, zu glauben, der Erkennende werde ein trockener, nüchterner, lust- und leidloser Mensch. Lust und Leid sind in ihm vorhanden, aber dann, wenn er in der Geisteswelt forscht, in verwandelter Gestalt; sie sind «Augen und Ohren» geworden.

Anmerkungen

(Bei den mit GA bezeichneten Quellen handelt es sich um Werke Rudolf Steiners aus der Gesamtausgabe des Rudolf Steiner Verlages, Dornach/Schweiz.)

1 GA 257 «Anthroposophische Gemeinschaftsbildung».
2 GA 95 «Vor dem Tore der Theosophie», Vortrag vom 2. 9. 1906. Es heißt dort: «Ja, das kann schon vorkommen, wenn sich jemand ohne moralische Entwickelung zu viel mit den Weisheitslehren der Theosophie beschäftigt.»
3 GA 12 «Die Stufen der höheren Erkenntnis», am Schluss des 1. Kapitels.
4 GA 123 «Das Matthäus-Evangelium», Vortrag vom 7. 9. 1910.
5 GA 267 «Seelenübungen» Band 1 (früher GA 245).
6 GA 12 «Die Stufen der höheren Erkenntnis», 1. Kapitel.
7 Siehe Anm. 6.
8 Siehe Anm. 2.
8a GA 10 «Wie erlangt man Erkenntnisse der höheren Welten?», Kapitel «Der Hüter der Schwelle».
9 GA 145 «Welche Bedeutung hat die okkulte Entwicklung des Menschen für seine Hüllen und sein Selbst?», Vortrag vom 29. 3. 1913.
10 Die vier Tugenden lauten: 1. Richten der Aufmerksamkeit auf das Bleibende, Unvergängliche; 2. Das Wertvolle, Gediegene höher schätzen lernen als das Vorübergehende, Bedeutungslose; 3. Die Ausübung der sechs Eigenschaften (Nebenübungen); 4. Der Wille zur Freiheit. Siehe: «Wie erlangt man Erkenntnisse der höheren Welten?» (GA 10), Kapitel «Über einige Wirkungen der Einweihung» und «Stufen der höheren Entwicklung» (GA 12), 1. Kapitel.
11 GA 10 «Wie erlangt man Erkenntnisse der höheren Welten?», Kapitel «Die Spaltung der Persönlichkeit während der Geistesschulung».

12 GA 13 «Die Geheimwissenschaft im Umriss», Kapitel «Die Erkenntnis der höheren Welten».

13 GA 9 «Theosophie», Kapitel «Der Pfad der Erkenntnis».

14 GA 10 «Wie erlangt man Erkenntnisse der höheren Welten?», Kapitel «Über einige Wirkungen der Einweihung».

15 Siehe Anm. 6.

16 «Allgemeine Anforderungen, die ein jeder an sich selbst stellen muss, der eine okkulte Entwicklung durchmachen will», enthalten in «Seelenübungen» Band 1 (GA 267), früher GA 245.

17 Siehe Anm. 12.

17a Am Ende meiner in den Jahren 2001/2002 erschienenen Aufsätze habe ich die Leser des «Goetheanum» gebeten, mir authentische Quellen für sinnlose Handlungen zu nennen, die auf Angaben Rudolf Steiners zurückgehen. Es ist keine Zuschrift gekommen.

18 Siehe Anm. 6.

19 Alexander Pozzo: «Lebenserinnerungen an Rudolf Steiner».

20 Jörgen Smit: «Der meditative Erkenntnisweg der Anthroposophie», in «Freiheit üben», Verlag Freies Geistesleben, Stuttgart 1988.

21 GA 10 «Wie erlangt man Erkenntnisse der höheren Welten?», Kapitel «Bedingungen».

22 Siehe Anm. 6.

23 Siehe Anm. 13.

24 Erschienen im Diogenes Verlag, Zürich 1995.

25 Siehe Anm. 2.

25a Siehe Anm. 13.

26 Siehe Anm. 20.

26a Siehe Anm. 12.

26b Siehe Anm. 13.

26c Siehe Anm. 13.

27 Siehe Anm. 16.

28 Siehe Anm. 12.

28a Uralte Weisheit, die Lehren der Theosophie, in der Übersetzung von Ludwig Deinhard, Th. Grieben Verlag (L. Fernau), Leipzig.

29 GA 266/1 «Aus den Inhalten der esoterischen Stunden», Notizen zur esoterischen Stunde vom 6. 6. 1907.
30 Siehe I. Kapitel dieser Schrift.
31 Siehe Anm. 2.
32 Siehe Anm. 16.
33 Siehe Anm. 16 und 1. Kapitel dieser Schrift.
34 Siehe Anm. 12 und 14.
35 Siehe Anm. 14.
36 Siehe Anm. 12 und 14.
37 Siehe Anm. 14.
38 Siehe Anm. 6.
39 Siehe Anm. 14.
40 GA 145 «Welche Bedeutung hat die okkulte Entwicklung des Menschen für seine Hüllen und sein Selbst?», Vortrag vom 23. 3. 1913.
41 Zum «schädlichen Einfluss» wird in GA 267 auf Hörer-Notizen von dem Vortrag vom 9. Juli 1906 (in GA 94) verwiesen. Die Dinge sind im 1. Kapitel der vorliegenden Schrift beschrieben.
42 Man sieht wohl gerade aus dieser Angabe, dass es sich bei der Forderung der «rückhaltlosen Hingabe» *nicht* um die Ausscheidung des eigenen Urteils oder um Hingabe an blinden Glauben handelt. Dergleichen hätte doch einem Kinde gegenüber keinen Sinn.
43 Dieses unbefangene Hingeben hat mit einem «blinden Glauben» nicht das Geringste zu tun. Es kommt nicht darauf an, dass man blind an etwas glaubt, sondern darauf, dass man nicht das «blinde Urteil» an Stelle des lebendigen Eindruckes setzt.

Heinz Zimmermann
Robin Schmidt

Meditation

Eine Einführung
in anthroposophische
Meditationspraxis

198 S., Kt., m. Abb., Fr. 26 | € 17
ISBN 978-3-7235-1369-9

Der meditative Weg der Anthroposophie unterscheidet sich von anderen Meditationsformen und -wegen wesentlich. Somit stellt die Frage, wie sich der Meditierende seinen Weg aufbaut, bereits einen zentralen Baustein des Weges dar. Die Autoren haben in zahlreichen Wochenendseminaren an dieser Fragestellung gearbeitet, berichten somit aus der konkreten Praxis und geben Anregungen für die eigene meditative Arbeit. Diese Schrift wird abgerundet mit einer zusammenfassenden Darstellung des anthroposophischen Schulungsweges, in der die spezifischen Kennzeichen dieses Weges als eines christlichen sichtbar werden.

Martina Maria Sam

Seelenübungen des Willens

Rückschau und Selbsterziehung auf dem anthroposophischen Schulungsweg

88 S., Kt., Fr. 19 | € 12
ISBN 978-3-7235-1364-4

Die Rückschau-Übung gehört neben der Meditation zu den grundlegenden Elementen des anthroposophisch-rosenkreuzerischen Schulungsweges. Indem durch die Rückschau auf den Tag oder einen vergangenen Lebensabschnitt dem übenden Menschen der Schicksalsstrom, in dem er sich sonst dumpf bewegt, bewusster wird, durchlichtet und stärkt sich sein Wille. – Das vorliegende Büchlein vermittelt einen Überblick über die mannigfaltigen Formen von Rückschau-Übungen, die Art ihrer Durchführung und ihrer spezifischen Wirksamkeiten, wie sie von Rudolf Steiner angegeben werden. Neben der Rückschau werden auch andere «Seelenübungen des Willens», die der Selbsterziehung und Willensstärkung dienen, kurz betrachtet. Deutlich wird bei der Betrachtung der menschenkundlichen Grundlagen des anthroposophischen Schulungsweges, wie Meditation und Rückschau einander bedingen und komplementär ergänzen.